이 책에 행복한 기운을 듬뿍 담아서

_____님께 드립니다

만능 영어표현 사전

강보경 편저

조선업에 최적화된 만능 영어표현 사전

발행일	2020년 7월 10일		
지은이	강보경		
펴낸이	손형국		
펴낸곳	(주)북랩		
편집인	선일영	편집	강대건, 윤성아, 최예은, 최승헌, 이예지
디자인	이현수, 한수희, 김민하, 김윤주, 허지혜	제작	박기성, 황동현, 구성우, 권태련
마케팅	김회란, 박진관, 장은별		
출판등록	2004. 12. 1(제2012-000051호)		
주소	서울특별시 금천구 가산디지털 1로 168, 우림라이온스밸리 B동 B113~114호, C동 B101호		
홈페이지	www.book.co.kr		
전화번호	(02)2026-5777	팩스	(02)2026-5747
ISBN	979-11-6539-320-5 03740 (종이책)		979-11-6539-321-2 05740 (전자책)

이 도서의 국립중앙도서관 출판예정도서목록(CIP)은 서지정보유통지원시스템 홈페이지(http://seoji.nl.go.kr)와 국가자료공동목록시스템(http://www.nl.go.kr/kolisnet)에서 이용하실 수 있습니다. (CIP제어번호: 2020028354)

(주)북랩 성공출판의 파트너

북랩 홈페이지와 패밀리 사이트에서 다양한 출판 솔루션을 만나 보세요!

홈페이지 book.co.kr • **블로그** blog.naver.com/essaybook • **출판문의** book@book.co.kr

책을 펴내며

1999년 세계 최대 조선소인 현대중공업에 입사 후 여러 직무를 거쳐 2009년 부터 선박 계약관리 업무를 담당하게 되면서, 매일 외국인 선주와 직접 미팅을 하거나 이메일 교신을 통해 비즈니스 커뮤니케이션의 중요성과 어려움을 절감해 왔다. 단순한 실수로 금액이나 날짜를 잘못 표기하여 보낸 메일을 수습하느라 진땀을 흘린 적도 있고, 실타래처럼 얽힌 문제가 오랜 고민 끝에 쓴 이메일 하나 덕분에 해결의 실마리를 찾게 되는 짜릿한 경험을 하기도 했다.

이처럼 업무상 영어 커뮤니케이션의 중요성을 누구보다도 절감하면서도 한편으로는 단기간에 쉽게 길러지는 능력이 아닌 것 또한 분명하다. 그래서인지 중요한 이메일의 경우, 타 부서 담당자로부터 초안을 대신 작성해 달라는 요청을 받거나, 아예 회신 자체를 내가 속한 부서로 미루는 경우도 있었다. 상황이 이러한대도 불구하고, 시중에 나와 있는 수 많은 영어 비즈니스 커뮤니케이션 관련 서적들이 대부분 무역업 중심의 컨텐츠인 탓에 조선업 특유의 업무 상황과는 상당한 괴리가 있어, 업무에 바로 적용하는데 한계가 있다는 사실을 늘 안타깝게 생각해 왔다.

이런 이유로, 조선 업종에서 자주 겪게 되는 업무 상황별로 예제들이 잘 정리된 조선업에 최적화된 영어 표현 지침서를 한 권 집필해 보겠다는 결심을 하게 되었고, 그 동안 차곡차곡 분류해 둔 선주 또는 업체와의 교신문들을 다시 상황별로 분류하고, 일부 불필요하거나 문제가 될 만한 내용들은 적절히 각색하여 현장에서 누구나 쉽고 실질적으로 활용이 가능한, 소위 만능사전이 되었으면 하는 바람으로 출간하게 되었다.

　다만 당초 목표로 했던 것처럼 계약관리 업무는 물론, 설계, 품질관리, 구매 등 조선업의 전 업무 영역에 걸친 종합적인 내용을 다루기에는 여러 가지 제약과 한계가 있어, 십 여년 이상 직접 수행하고 있는 계약관리 및 사업관리 업무를 위주로 정리하였음을 미리 밝혀 둔다.

　본 서를 집필하는 과정에서, 영어를 소재로 한 책인만큼 무엇보다 문법적인 정확도가 신경쓰였던 것이 사실이지만, 그 보다도 목적에 부합하는 비즈니스 문건을 작성하기 위한 근본적인 기획능력과 구성 능력 향상에 더 초점을 맞추려고 노력하였다. 아무리 무결점의 완벽한 문법을 적용하여 쓴 이메일이나 공식 레터라고 하더라도, 당초 목표했던 바를 달성할 수 없다면 시간만 허비한 것에 다름 아닐 것이기 때문이다. 물론 문법적 오류를 최소화하기 위해 본 서의 모든 컨텐츠는 네이티브의 영문 감수를 받고 게재한 것임을 미리 밝힌다.

　다시 말하지만, 업무상 주고받는 교신은 반드시 정해진 목적이 있다. 특정한 사실을 정확하게 통보해야 한다거나, 상대를 설득해야 한다거나, 상황에 따라 부탁 또는 사과를 해야 하는 등의 목적을 달성하기 위해서 작성되는 것이지, 단순히 안부를 전하는 경우는 그리 빈도가 높지 않을 것이다. 따라서, 문건을 작성하는 사람도 문법적 오류 여부에 포커스를 맞추기보다는 의도한 목적에 충실하려는 노력이 선행되어야 할 것이다. 예를 들어, 특정한 사실이나 상황을 상대에게 '통보'해야 한다면, 통보하고자 하는 내용이 오해없이 정확하게 전달되도록 신경써야 할 것이고, 설득하는 것이 초점이라면 감정에 치우치기 보다는 분명하고 논리적인 근거에 기반하여 상대방이 수긍할 수 있도록 작성해야 할 것이다.

　본 서의 가장 근본적인 집필 취지 또한 이런 합목적적 교신에 참고하기 위한 지침서를 염두에 두고자 최대한 노력하는 한편, 부가적으로 비즈니스 교신이라는 특성에 맞는 표현이나 어휘 등도 자연스럽게 습득할 수 있도록 각주로 설명하였으며, 부록의 색인을 통해서도 필요할 때마다 쉽게 찾아 볼 수 있도록 하였다.

　20 여년 간의 직장 생활 동안 수 많은 외국인 고객을 만나오면서, 그들도 고객이기 이전에 우리와 똑같이 희로애락을 느끼는 한 인간이기에, 서로 따뜻한 정을 쌓고 신뢰관계를 다지는 데도 많은 노력을 기울여왔다. 일종의 마일리지와도 같은

신뢰관계는 쉽게 풀 수 없는 어려운 이슈가 생겼을 때 특히 빛을 발했던 것 같다.

고객사의 입장을 무시하고 우리의 주장만 강요하기 보다는, 원-윈(win-win) 할 수 있는 솔루션을 찾거나 상호 피해를 최소화할 수 있는 방안을 찾기 위해 항상 마음을 열고 함께 고민했고, 그 과정에서 쌓인 신뢰의 마일리지를 통해 결정적인 문제를 해결할 수 있었던, 소중하고 때로는 감동적이기까지 한 경험들은 직장생활 최대의 보람이자 한 걸음 더 성장할 수 있는 발판이 되어 주었다. 이 책의 5장에는 외국인 고객과 친목을 쌓기 위해 내가 해 왔던 다양한 이벤트들도 소개하였다.

사실 내 주변에는 이 책에서 소개한 수 많은 교신문들보다 월등히 뛰어난 영작문 실력과 수준 높은 어휘력을 갖춘 수 많은 선·후배 및 동료들이 있음을 잘 알고 있기에 한편으로는 부끄러운 마음이 있는 것도 사실이다. 그럼에도 불구하고, 이런 책을 세상에 내어 놓으려는 이유는, 내 책이 작은 계기가 되어 이 분야에 종사하는 분들이 더 알찬 내용으로 업그레이드시킬 수 있었으면 하는 바람 때문이다. 비록 부족함이 많은 출발이라 하더라도 누군가에게는 꼭 필요한 순간에 사막의 오아시스와도 같은 해갈의 기쁨을 줄 수 있기를 조심스럽게 소망해 본다.

끝으로, 추천의 글을 써 주신 남상훈 본부장님, 김문익 명예영사님, 김재현 변호사님, 오랜 친구이자 훌륭한 조언자인 메튜(Mathew), 바쁜 시간을 쪼개어 꼼꼼하게 영문 감수를 해 준 기술자문 노만(Norman) 을 비롯하여 부족함이 많은 나에게 항상 아낌없은 응원과 격려를 보내주는 동료 및 선후배들에게 지면을 빌어 감사 인사를 전하고자 한다.

2020년 6월 30일
강 보 경

추천의 글 *Words of recommendation*

1.

우선 그 복잡하고 바쁜 회사 업무 중에도 '조선업에 최적화된 만능 영어표현 사전(만능사전)'을 출간하는 저자에게 무한한 신뢰와 감사의 박수를 보내지 않을 수 없다.

저자는 그 동안 맡겨진 프로젝트의 성공적인 완수 등 완벽한 회사 업무 처리는 물론, 틈틈이 회사 직원을 대상으로 현대정신과 리더십 강의를 하는 등의 사내강의와 독자적으로 개발한 '자녀교육'과 '행복한 영어교육 방법'을 주제로 하는 문화센터 특강 등을 통해 이미 회사 안팎으로 소문난 인기 강사이기도 하다.

"무엇이 저자를 이렇게 끊임없는 도전과 자기개발의 성과를 이루게 하는 것인가?" 하는 나의 질문에 저자는 대답한다. "비록 보잘 것 없는 나의 경험과 지식이지만 순수한 열정과 간절한 마음으로 전하는 저의 이야기에 동감하며 동인되어가는 지지자들의 행복한 성원과 미소가 저의 행복이자 최고의 가치입니다"

나는 확신한다. 이번 만능사전 출간을 통해서, 더욱 반갑고 고맙게 책장을 넘길 조선업에 종사하는 많은 선후배와 동료들의 행복한 미소와 성원이 더욱 저자를 행복하게 할 것임을...

아무쪼록 문장 곳곳에 스며들어 있는 조선업에 특화된 다양한 경험과 노하우가 지혜의 샘물처럼 솟아나는 저자의 영어지침서가, 유사한 문제로 난관에 봉착해 고민하는 동종 업계의 많은 독자들에게 단비가 되기를 희망하며... 저자의 지칠 줄 모르는 열정과 용기의 산물들이 계속 이어지기를 열렬한 지지로 응원한다.

2020년 6월
현대중공업 특수선사업본부 본부장 부사장
남 상 훈

2.

10여 년 전, 본 서의 저자를 업무상 우연한 만남으로 알게 되었는데, 예나 지금이나 여전히 본인의 업무에는 아무리 사소하다 싶은 일도 정성껏 처리하고, 관련 부서나 고객사인 선주 측과도 업무를 원만하게 처리하는 것을 유심히 보았습니다. 그런 바쁜 일과를 보내고서도 틈틈이 휴일에는 자신의 시간을 쪼개 영어에 관한 서적들을 꾸준히 저술하고 있는 그를 보고 깜짝 놀랐습니다. 보통 사람들은 취미 생활을 하는데도 에너지 부족을 호소하는 경우가 많음에도, 영어에 대한 열정과 좋은 것을 함께 나누고자 하는 저자의 성품과 더불어 삶의 전반에 걸친 부지런한 모습이 참으로 감동을 주기에 충분했습니다. 그러한 저자가 이번에 세 번째 서적을 출간한다는 소식은 또 한번의 기쁨과 감격으로 다가왔습니다.

완전한 글로벌 시대에 부모들이 가지고 있는 자녀 영어교육에 관한 고민과 걱정을 저자 역시 오래 전부터 같은 부모의 입장에서 고민하였고, 본인이 직접 자녀를 가르치며 공부가 아닌 놀이로서 영어를 익히고, 성공적으로 길러 낼 수 있었던 방법과 조언들이 담겨있는 저자의 첫 번째 저서인 '답답한 우리아이 영어교육, 영어 유치원보다 아빠 유치원이 답이다'에 이어, 문장 속의 의미를 통해 단어의 뜻을 정확하게 익힐 수 있도록 한 '문장쓰기와 무료앱으로 익히는 만능보카'에 이어, 이번에 세상의 빛을 보게 될 '조선업에 최적화된 만능 영어표현 사전'은 저자가 그 동안 업무 현장에서 몸소 부딪히며 겪었던 수 많은 실제적이고 구체적인 사례들이 담겨 있는 주옥 같은 내용들이라 감히 말할 수 있습니다.

동종의 업계를 누구보다도 잘 알고 있기에, 본 서에 실린 다양한 영문 이메일 사례들은 분명 현업에 종사하는 많은 사람들이 쉽고, 빠르게 그리고 좀 더 격식을 갖춘 정확한 표현의 내용들을 외국인 고객들에게 전달하는데 있어 큰 도움을 줄 것이라 믿습니다. 비록 저자가 조선업에 종사하였기에 조선업 종사자에게 최적화된 내용이긴 합니다만, 조선업에 종사하는 사람들뿐만 아니라 업무상 외국인과 영문 서면이나 직접 면담을 해야 하는 모든 이들이 영문 비즈니스 커뮤니케이션은 물론 다양한 국가의 문화적 습성을 이해하는데도 도움을 받을 수 있으리라 확신합니다.

기존에 시중에 나와 있는 수 많은 영어 비즈니스 커뮤니케이션 관련 서적들은 무역업에 한정되어 있고 그 사례들도 구체적이지 못해 직접적으로 문장을 익히고 사용하기에는 다소 무리가 있으나, 본 서는 실제적이고 구체적인 사례들이 각 주제별로 잘 구분되어 있으며, 각 사례들은 하나 같이 비즈니스 포맷에 맞도록 격식이 잘 갖추어진 좋은 교본과도 같아서 영문 교신문을 익히고 참고하는데 더할 나위 없이 좋을 것이라 생각합니다.

모쪼록 저자의 수고와 노력의 결과로 세상에 빛을 보게 된 본 서가, 이 땅의 많은 사람들에게 활용되어 영문으로 업무를 진행해야 하는 경우가 점점 더 많아지고 있는 이 시대에 좀더 쉽고, 효과적으로 업무를 수행하는데 큰 도움이 되기를 바라며, 저자가 바라는 바와 같이 실제적인 업무 담당자들의 성장과 더불어 누구나 쉽게 배우고 익힐 수 있는 지침서가 되기를 희망합니다.

2020년 6월
부산 주재 영국 명예 영사
(2020년 대영제국 훈장 수훈자)
김 문 익

3.

The maritime industry is very much a global business, therefore clear communication in English is vital, considering many interactions with stakeholders from all around the world. Myself having been in this business for over 13 years, I have found that more than anyone else, B.K. Kang has the innate ability to write clear and concise messages that leave no room for misinterpretation or misunderstanding. Nobody is more qualified to provide guidance on this subject. His book provides helpful instruction and useful reference material that I highly recommend to all in the industry whose primary language is other than English.

Matthew R. Mueller
Director, Global Business Development
American Bureau of Shipping

조선해양 관련 산업은 정말 국제적인 사업분야인만큼 전 세계 이해관계자들과의 잦은 상호 교류를 고려할 때 명확한 영어 의사소통 역량은 필수적입니다. 저는 이 분야에 13년 이상 종사해 오고 있으며, 제가 지금껏 보아 온 그 누구보다도 저자는 오해나 오역의 여지가 없는 명쾌하고 간결한 작문 실력을 보유하고 있다고 생각합니다. 그렇기 때문에 다른 누구보다도 이 주제에 있어서만큼은 훌륭한 가이드를 제공할 것입니다.

저자의 책은 도움이 될만한 설명들과 유용한 참조 자료들을 제공하고 있기에 영어를 모국어로 하지 않는 이 분야에 종사자 모두에게 강력 추천드립니다.

메튜 뮐러
국제 비즈니스 개발팀 이사
미국 선급

4.

　최근 카타르 LNG선 수주를 필두로 우리 조선업계에 낭보가 계속 전해지는 상황에서 결코 흔치 않은 조선분야 전문서적인 본 서의 출간이 매우 반갑기 그지없다. 다른 한편으론, 우리나라의 전통적 기간산업인 조선업의 세계적 위상에 비하여 조선실무에 관한 다양한 전문서적이 매우 부족한 현실을 고려할 때, 오랜 기간 조선업 관련 법률자문과 분쟁해결 분야에 종사해 온 본인과 달리 상업적 고려없이 수요층이 제한된 본 서를 출간하는 저자의 용단에 경의를 표하고 싶고, 또한 개인적으로도 적잖이 빚을 진 마음이다.

　현업 부서에서 발생하는 다양한 이슈들을 생생하게 전달해 주고 있는 본서는 오랜 기간 대 선주 계약관리 업무를 담당해 온 저자의 그 간의 업무성과가 오롯이 반영되어 있다. 때문에 해당 업무를 새로 시작하는 유관 부서 담당자들이나 외국 고객과의 커뮤니케이션 능력을 보완하길 원하는 기존 실무자들에게 본서는 유익한 길잡이가 될 수 있을 것으로 믿어 의심치 않는다. 또한, 여러가지 상황별로 정리된 이메일과 서신은, 비단 조선분야에 한정되지 아니한, 일반 비즈니스 교신을 위한 지침서로도 충실하다. 아울러, 본 서 마지막 장에는 외국 고객들과의 각종 이벤트를 위한 상세 설명이 담겨 있는 바, 외국인과의 정서적 교감을 원하는 독자들에게는 여느 저서에서도 좀처럼 접하기 힘든 귀중한 선물이 될 것이다.

2020년 6월
비유케이 법률사무소
국제변호사 (미국 뉴욕주)
김 재 현

③

①

② Dear Mr. Steven Spielberg,

Reference is made to your email dated September 1, 2020 for the subject.

First of all, it is our sincere regret to receive your reply which simply rejecting our best proposal resulting from special consideration on your good project while we are struggling for surviving under the worst shipbuilding market. Furthermore, as we highlighted, it has not been clarified with written evidence differently from your claim that it has already agreed with us.

In this regard, please be noted that we *are not in a position to* [1] accept your request of mentioned modification for all series vessels without extra cost as we have already absorbed considerable cost for Hull Nos. 1234/1235 in terms of mutual cooperation.

Given our current hardship, we would like to *solicit* [2] your generous understanding and positive feedback once again.

Best regards,

B. K. Kang

④ 주1) ~하는 입장이 아니다. '~하는 입장이다'라고 할 때는 be in a position to로 표현.

주2) 간청하다. seek로 더 자주 표현함.

본문 해석

⑤ 스티븐 스필버그 씨에게

본 서신은 표제의 건과 대한 2020년 9월 1일자 이메일과 관련한 사항입니다.

우선, 당사가 현재의 최악의 조선 시황에서 살아남기 위해 몸부림치는 와중에서도 귀사의 프로젝트를 고려하여 이례적으로 제시한 특별 제안에 대해 단순 거절 통보를 받게 되어 매우 유감스럽게 생각합니다. 더구나, 이미 강조했던 것처럼, 우리가 이미 합의를 했다는 귀사의 주장과 달리 문서상 근거로서 명백하게 밝혀지지 않은 상황입니다.

이런 이유로, 상호 협조를 위해 1234 및 1234 호선의 상당 비용을 이미 수용했던 만큼, 귀사에서 시리즈 전 호선에 대해서 요청한 무상 수리작업은 받아들일 수 없습니다.

현재의 어려움을 고려하여, 귀사의 넓은 양해와 긍정적인 답변을 다시 한 번 촉구합니다.

강보경 드림

35

① 같은 주제로 여러 개의 이메일을 소개한 경우 **번호로서 구분**
② **실제 상황**을 바탕으로 재구성한 메일 본문
③ MS Word 파일로 쉽게 다운로드 받아서 활용할 수 있는 **QR코드** 제공
④ 본문에 사용된 주요 **핵심표현**에 대한 설명 ※부록 편에서 색인(Index)으로도 제공
⑤ 본문에 대한 우리말 해석으로, 최대한 **자연스러운 의역**으로 제공
 (해석을 보면서 영작을 한 후, 원문과 비교해 보는 것도 좋은 훈련이 됨)

※ 제2장~4장도 상기와 유사한 형태로 구성함

Contents

제1장 상황별 이메일 작성하기

제2장 Formal Letter 작성하기

공식 레터에는 공식이 있다? ·98

제3장 각종 비즈니스 양식 모음

양식 부자가 진정한 비즈니스 능력자다 ·124

공지문 *Notice*

기타 양식들 *Other Forms*

제4장 외워 두면 유용한 인사/소개

제5장   외국인 고객과 하기 좋은 이벤트

부록

제 1 장

상황별 이메일 작성하기

비즈니스 이메일, 벤치마킹부터 시작하라

내가 영어 비즈니스 교신을 처음 시작한 것은 2004년도에 건설장비사업부 (現 현대건설기계)에서 시카고법인 영업지원 업무를 담당하면서부터였다. 영어에는 나름 자신이 있었지만 영어로 비즈니스 교신을 해 본 적은 없던 터라, 간단한 이메일 하나 작성하는 데도 꽤나 진땀을 흘려야 했던 나와는 달리, 미국 주재원을 오래 한 당시의 팀장님은 너무도 쉽게 이메일을 쓰는 것을 보며 그 비법이 몹시 궁금했다.

팀장님이 알려 준 비법이란, **스스로 잘 할 수 있을 때 까지 잘 쓴 이메일을 벤치마킹하며 무조건 많이 따라 써 보라**는 거였다. 팀장님 본인도 처음 미국 지사로 부임받았을 때 이메일 쓰는 일이 쉽지 않았지만, 잘 작성된 이메일을 볼 때마다 프린트를 하고 주제별로 분류한 다음, 짬이 날 때마다 따라 써 봤다고 했다. 수시로 따라쓰기를 했기 때문에 실제로 급하게 메일을 써야 할 상황이 되면, 출력해 둔 이메일 중 어디에 유사한 맥락의 메일 또는 참조해야 할 표현들이 있는지를 쉽게 찾을 수 있었고, 그렇게 찾아낸 메일들과 표현들을 적절히 조합하여 어렵지 않게 메일을 완성할 수 있었다는 것이다.

본 서의 메인 컨셉에 있어 모티브를 제공했던 팀장님의 방식은, 이후 나의 영어 비즈니스 역량 함양에 큰 밑거름이 되었고, **내가 정성 들여 쓴 메일과 다른 사람이 작성한 잘 써진 메일을 상황별로 분류하는 습관을 갖게 만들었다.**

결국, 비즈니스 이메일의 작성 능력 향상은 **얼마나 많은 데이터베이스를 확보하는가와 평소에 이를 분류하고 내용 구성과 전개방식을 눈여겨 보면서 자신만의 틀을 완성하는 것이 핵심**이라 할 수 있다. 아울러, 이 모든 과정에서 사용할 메일들은 대부분 이미 검증된 내용일 것이기에 그 효과 또한 보장받은 것이라 할 것이다.

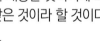

📁 받은 편지함

- 📁 Farewell
- 📁 Seasonns Greetings
- 📁 감독추천
- 📁 기존 제안을 수정하여 다시 제안하는 메일
- 📁 명명식 날짜 변경 요청
- 📁 문제발생 후 회신에 시간 쇼요시 브릿지
- 📁 미팅을 제안하는 메일
- 📁 보완 설명이 필요한 회신
- 📁 불가한 입장 표명
- 📁 빠른 의사결정 촉구
- 📁 상황에 대한 Clarification
- 📁 선급검사관의 코멘트 처리 거부에 대한 항의 메일
- 📁 선수금 납부 독촉
- 📁 선주 비용으로 기술 대안 제안 메일
- 📁 선주 어거지에 대한 당사 입장 고수
- 📁 선주 요청 조건부 수락
- 📁 선주 요청과 다른 방안을 제안하는 메일
- 📁 선주 초기 합의 내용과 바뀐 상황의 통보
- 📁 선주 회신 리마인더

아웃룩 폴더에 메일을 유형별로 저장한 예시

1. 통보 *Notification*

Case 01 선주의 요청을 **전면 수락**하는 통보
*Notification of **full acceptance** of the Buyer's request*

Dear Mr. Will Smith,

Referring to your e-mail dated *26ᵗʰ of May 2020* ¹⁾ for the subject, we would like to advise you of our position as follows.

First of all, we *would like to extend our apology* ²⁾ for the Buyer's inconvenience caused by the subject issue.

Please be advised that the subject block was fully tested and inspected by Ultrasonic Test and the welding material was also approved by the Owner and Class, and therefore we are very confident that there will be no issue with regard to the welding.

However, *for the sake of* ³⁾ prompt and amicable settlement of this issue, we hereby confirm to extend the warranty period described in Article IX of the contract up to five (5) years from the delivery date of the vessel against the defect/damage on the A001 Block caused by welding issue.

Your kind acknowledgement on the above would be appreciated.

Best regards,

B. K. Kang

주1) 날짜를 표현하는 다양한 방법들. 26ᵗʰ May 2020 또는 May 26, 2020 로도 표현 가능함

주2) 공식적인 사과를 하는 대표적인 표현법. 정중함을 강조할 경우에는 apology 앞에 sincere를 넣기도 함

주3) '~를 위해'란 뜻의 formal한 표현법으로, 통상 관용구로서 for the sake of good order (원활한 업무 처리를 위해)가 흔히 사용되는 표현임

본문 해석

월 스미스씨에게,

표제의 건과 관련한 귀하의 2020년 5월 26일자 이메일에 대해, 다음과 같이 당사의 입장을 알려 드립니다,

우선 표제의 건으로 불편을 끼쳐드려 죄송합니다.
표제의 블록은 완전히 다시 테스트를 실시하였으며 초음파 검사의 방법으로 검사하였고, 용접자재 또한 선주와 선급의 승인을 득하였습니다. 따라서 용접과 관련해서는 더 이상의 이슈가 없을 것임을 매우 확신합니다

하지만, 동 건의 신속하고 원만한 종결을 위하여, A001 블록의 용접으로 인한 결함이나 손상에 대해, 계약서 9장 보증 항목에 기재된 보증기한을 인도 후 5년까지로 연장할 것을 확약합니다.

상기 내용에 대한 수신확인을 부탁드립니다.
강보경 드림

Case 02 선주의 요청을 **일부/조건부 수락**하는 통보

*Notification of **partial/conditional acceptance** of the Buyer's request*

Dear Mr. Robert Redford,

Reference is made to [1] the meeting with you dated December 11, 2020 for the issue of the compressor for the subject vessel.

While we are confident that the technical issue of the compressor will be duly rectified by way of removal of insulation on interconnecting pipe as per the Maker's countermeasure, we *are willing to* [2] accept the Buyer's request for confirmation trial *on the following conditions* [3] :
   - condition A ;
   - condition B ; and
   - condition C .

Upon receiving [4] your confirmation on the above conditions, we will inform you of the trial schedule in due course.

Best regards,

B. K. Kang

주1) 기존에 주고받은 교신 또는 미팅 등 사안을 특정 할 때 사용 Further to the meeting~으로도 사용함

주2) '기꺼이 ~해주겠다'는 뜻으로 화자의 적극적인 행동을 강조할 때 사용

3) '하기 조건으로'라는 뜻으로 조건부 수락에 사용하는 관용구

4) ~ing 하자마자(하는대로)

본문 해석

로버트 레드포드씨에게,

본 서신은 표제 선박의 compressor 이슈와 관련한 2020년 12월 11일자 미팅에 관한 사항입니다.

비록 compressor 이슈가 업체의 조치방안에 따라 연결 파이프의 보온재를 제거하는 방법으로 완전히 해소되었다고 확신하지만, 선주측이 요구하는 confirm trial은 하기 조건부로 수락하고자 합니다.
   - 조건 A
   - 조건 B
   - 조건 C

상기 조건에 대한 귀사의 확약을 접수하는 대로, confirm trial 일정을 적의 통보해 드리겠습니다.

강보경 드림

주1) 주고받은 교신이 많을 경우, 시초가 되는 교신을 언급한 이후 '일련의 교신'을 지칭할 때 사용

②

Dear Mr. Brad Pitt,

Reference is made to your letter dated March 9, 2020 and the *subsequent correspondence* [1] for the subject.

With regard to the Buyer's requests mentioned in the above email and letter, after thorough investigation with all relevant parties, we would like to propose as follows :
- *Delivery of the vessel shall take place on March 19, 2020 ; and*
- *The vessel will sail out from the Yard on March 21, 2020 regardless of the issue*

Your prompt acknowledgement on the above would be appreciated.

Best regards,

B. K. Kang

본문 해석

브래드 피트 씨에게

본 서신은 표제의 건과 관련한 2020년 3월 9일자 레터와 그 이후의 일련의 교신과 관련한 사항입니다.

위 레터와 메일에서 언급한 선주측의 요청사항과 관련, 모든 관계 부서와의 긴밀한 협의 결과를 바탕으로 아래와 같이 제안코자 합니다.
- 본 선의 인도는 2020년 3월 19일에 실시한다
- 이슈 사항과 관계없이 본 선은 2020년 3월 21일에 출항한다

상기 내용에 대한 신속한 수신확인을 부탁드립니다.

강보경 드림

Case 03 선주의 요청사항을 **거절**하는 통보

*Notification of **rejection** of the Buyer's request*

주1) 선의의 표현으로

주2) '~할 입장이 아니다'를 formal하게 언급할 때 사용

주3) (문제점 등을) 바로잡다

주4) 해당사항이 있을지 없을지 불확실할 때 사용

주5) (앞서 언급된 시점) 이후로 계속

Dear Mr. Bruce Willis,

Reference is made to the compliance of Shipbuilding Contract (SBC) for the subject.

As you might be aware, the scope of cost settlement for inspection and Factory Acceptance Test (FAT) is clearly specified in 3.3.9 of SBC as follows.

"Travelling and lodging for Buyer's representative attending inspection and FAT outside shipyard compound shall be arranged by Builder and all related costs shall be at the Buyer's account."

Regardless of the above, we have absorbed relevant cost for the above inspection and/or FAT for the smooth progress of the project *as a goodwill gesture* [1].

However, please be advised that we *are not in a position to* [2] settle the cost any longer since we received serious comments during the recent internal auditing and therefore, it shall be *rectified* [3] immediately.

Therefore, please be advised that the outstanding cost regarding inspection or FAT, *if any* [4], shall be settled by the Buyer from this month *onwards* [5].

For the sake of good order, we would like to have a relevant meeting with you for further clarification soonest possible.

Your kind attention and acknowledgement on the above would be appreciated.

Best regards,

B. K. Kang

본문 해석

브루스 윌리스 씨에게

본 서신은 계약조항의 준수와 관련된 사항입니다.

주지하는 바와 같이, 계약상 검사 및 FAT의 비용 정산 조항은 다음과 같습니다.

"선주의 FAT 및 외주검사 참석과 관련한 교통과 및 숙박은 당사가 조치하되 비용은 선주측이 지불한다"

위 계약 조항에도 불구하고, 원활한 공정진행을 위한 호혜적 조치로서, 그 동안 FAT와 사외검사 관련 비용을 당사가 부담해 왔습니다.

그러나 최근 당사 내부 감사 시, (계약 조건을 초과한) 이 조치에 대해 심각한 지적을 받아 이를 시정해야 하는 바, 더 이상 관련 비용을 당사가 부담할 입장이 아님을 알려 드립니다.

따라서, 이번 달 이후 FAT 및 외주 검사와 관련한 비용이 있다면 선주측에서 조치해 주시기 바랍니다.

원활한 협의를 위해, 빠른 시일 내 이와 관련한 상세 협의를 진행코자 합니다.

상기 내용에 대한 신속한 수신확인과 주의를 당부 드립니다.

강보경 드림

🗣️Tip 흔히 하는 영작문 실수들

호칭 관련 실수

잘못된 표현 : Dear Mr. James

올바른 표현 : Dear Mr. Bond 또는 Dear Mr. James Bond

※ 상대방이 여성일 경우, 결혼했음을 알면 Mrs. 미혼임을 알면 Miss 혼인 여부를 잘 모른다면 Ms.로 통칭하면 된다. 만약, 성별 자체를 모른다면 호칭을 생략 후 Full Name만 쓴다. (Dear James Bond)

Case 04 선주와의 **합의사항이 준수 불가**함을 통보
*Notification of **unfeasibility of agreement***

Dear Mr. Tom Cruise,

Reference is made to your e-mail *addressed to* [1] Contract Management Department dated June 4, 2020 for the subject.

First of all, we *would like to extend our sincere appreciation of* [2] your kind cooperation as always.

As specified in the Addendum No. 1, the Builder's position is that the Equipment on-board the subject vessel was duly installed and tested in accordance with Contractual Specification of the vessel. For the sake of clarity, the Equipment originally contracted and applied in the Contractual Specification was under the capacity of 100 tons. In the meantime, the nominal capacity increased to 110 tons as per the Buyer's request and it has been accepted by the Builder *on condition that* [3] the operational responsibility belongs to the Buyer.

Nevertheless the Builder and Buyer were in a different opinion whether the current condition of the Equipment complies with Contractual Specification or not during the delivery stage, and both parties made an agreement to try their best to find better technical solution after delivery of the vessel for the smooth progress of the delivery.

In this respect [4], we have proceeded lengthy discussions with design department of HHI and the Maker as well as thoroughly investigated the possibilities to find any practicable technical solution. However, *it is our deepest regret to* [5] inform you that we could not find any better feasible ideas up to now although we have *exerted our best efforts to* [6] find technical solution.

In the meantime, we received reconfirmation from the Class that the provided certificate with degraded capacity of 100 tons is valid for good for the vessel's operation with its periodical renewal and it complies with the relevant Rules & Regulations. In addition, we would like to highlight that the degraded capacity of the Equipment meets its requirement for the intended operational function from the technical perspective as well.

Under the above circumstances [7], while we will continue the discussion and/or investigation with the relevant parties, we have no choice but to reiterate our position that the current condition of the Equipment on-board the subject vessel *is in line with* [8] Contractual Specification, Rule & Regulations and the Maker's guidance.

주1) ~에게로 보낸

주2) '~에 대해 진심으로 감사를 표합니다'란 뜻으로 격식을 차려 감사의 뜻을 전할 때 사용

주3) '~을 조건부'로

주4) '이러한 관점에서', '이런 취지로'의 뜻.
In this point of view, In this context 등과 유사

주5) '~ 이하를 하게 되어 매우 유감이다

주6) ~하기 위해 최선의 노력을 다하다

주7) 위와 같은 상황에서

주8) ~와 부합하다

Your kind understanding on the above would be highly appreciated.

Best regards,

B. K. Kang

본문 해석

톰 크루즈 씨에게

본 서신은 2020년 6월 4일자로 계약운영부에 보낸 귀하의 서신과 관련한 사항입니다.

먼저 귀사의 친절한 협조에 심심한 감사의 말씀을 드립니다.

Addendum 1에 명시되어 있는 바와 같이, 표제 선박에 탑재된 해당 장비는 계약 스펙에 따라 시험 및 설치되었다는 것이 당사의 입장입니다. 이해를 돕기 위해 (부연 설명 드리자면), 해당 장비는 당초 100톤 급으로 계약 및 스펙에 반영되었습니다. 그러던 중, 귀 사로부터 명목상 용량을 110 ton으로 증가해 줄 것을 요청받았고, 당사는 운영상의 책임을 귀사가 진다는 조건부로 해당 요청을 수락한 바 있습니다.

그럼에도 불구하고, 인도 시점에 당사와 귀사 간에 현재의 상태가 계약상 스펙을 준수하는지에 대해 이견이 발생하였고, 양사는 본 선박의 원활한 인도를 위하여 인도 후 더 나은 기술적 대안을 최대한 모색하기로 하는 합의서를 체결하였습니다.

이러한 차원에서, 당사는 그 동안 설계실 및 업체와 오랜 협의를 추진함은 물론, 실질적인 대안을 찾기 위한 광범위한 조사를 진행해 왔습니다. 그러나, 최선의 노력을 경주했음에도 불구하고 유감스럽게도 지금까지 더 나은 대안 확보가 불가했음을 알려 드립니다.

한편, 우리는 선급으로부터 100톤으로 조정하여 발행된 해당 증서는 정기적 갱신만 진행한다면 운항상 아무런 문제가 없으며 관련 규정에도 부합한다는 사실을 재확인 받았습니다. 더불어, 조정된 용량은 기술적 관점에서 볼 때도 본래의 기능상 목적에 부합한다는 사실도 강조하고자 합니다.

위와 같은 정황에 비추어, 향후에도 지속적으로 관련 부문 간 협의 및 조사를 지속할 예정이나, 해당 장비의 현 본선 탑재 상태는 계약 사양, 관련 규정 및 업체의 권고사항에 부합한다는 당사의 기존 입장을 고수할 수 밖에 없음을 알려 드립니다.

위 사항과 관련한 귀사의 양해를 당부 드립니다..

강보경 드림

Case 05 선주의 **과도한 요구에 대한** 수락 불가 통보

*Notification of **maintaining Builder's position** on the Buyer's **unreasonable request***

Dear Mr. Mel Gibson,

Reference is made to your e-mail dated November 16, 2020 for the subject.

First of all, we would like to *underscore* [주1] that from the normal technical point of view the current A pump installed on the subject vessel is considered to be equivalent to a new one as fully replaced with new parts by authorized maker engineer.

As we explained, the function of the pump can be duly demonstrated/verified through its on-board test scheduled in January 2020. Until then, we expect the Buyer's cooperation in relation to the relevant inspections/tests of the pump.

In the meantime, we would like to propose to have a face-to-face meeting to move forward by way of finalizing the technical improvement ideas such as adjusting of parameter setting and/or changing logic of the relevant valves etc.

Notwithstanding the above [주2], it is our sincere regret for the Buyer to reject inspection of the B pump of the subject vessel scheduled this afternoon without any reasonable ground. We would like to highlight that the Builder has a right to carry out inspections in accordance with Shipbuilding Contract and the Buyer shall not reject the inspections with unreasonable reason.

The above test of B pump should be carried out as planned in order to avoid further delay of progress. FYI, all relevant parties including maker engineer are ready and waiting for the test and therefore, it is impractical for us to adjust the test schedule at the moment.

Looking forward to receiving your positive reply, *we remain* [주3].

Best regards,

B. K. Kang

주1) 기존 입장을 유지한다고 할 때 쓰는 단어로, reiterate 로 대체해서 쓸 수 있다.

주2) 위 사항과는 무관하게, 위 사항들에도 불구하고, Nevertheless와 유사.

주3) we remain at your disposal에서 at your disposal이 생략되어 관용적으로 쓰이는 표현으로, 상대방의 처분을 기다린다는 뜻.

본문 해석

멜 깁슨 씨에게

본 서신은 표제의 건과 관련한 2020년 11월 16일자 이메일과 관련한 사항입니다.

우선, 현재 본선에 탑재된 A 펌프는 공인된 업체의 엔지니어에 의해 새 부품들로 교체가 이루어진 바, 통상적인 관점에서 볼 때 새 제품과 동일하다고 간주될 수 있음을 재차 말씀드립니다.

이미 설명드린 바와 같이, 해당 펌프의 기능은 2020년 1월로 예정된 본 선 테스트를 통해 시연 및 검증 가능할 것입니다. 그 때까지, 해당 펌프와 관련한 일련의 검사 및 테스트에 대해 귀사의 협조를 기대하는 바입니다.

그 동안에, 매개변수 값 조정이나 해당 밸브의 로직을 변경하는 등 기술적인 개선방법에 대한 논의를 마무리 짓기 위한 회의를 제안하는 바입니다.

이와는 무관하게, 오늘 오후로 예정되어 있던 B펌프에 대해 귀사가 합리적 이유없이 검사를 거부하는 것에 대해 깊은 유감을 표하는 바입니다. 당사는 선박 건조 계약서에 따라 검사를 수행할 권한이 있으며, 선주사는 불합리한 사유로 검사를 거부할 수 없음을 강조하고자 합니다.

추가적인 공정 지연이 없도록 상기 B펌프에 대한 검사는 계획대로 진행되어야 할 것입니다. 참고로, 업체측 엔지니어를 포함한 모든 관계자들이 해당 테스트를 위해 대기중에 있으며, 현 시점에서 테스트 일정을 조정하는 것은 쉽지 않은 상황입니다.

귀사의 긍정적인 답변을 기다립니다.

강보경 드림

흔히 하는 영작문 실수들

우리말 습관에 따른 실수 1

잘못된 표현 : **Our** staff will also support you.
올바른 표현 : **My** staff will also support you.

※ '우리 마누라', '우리 가족' 처럼 우리말 습관으로 인해 자주 범하는 실수다. my boss, my company 등 본인을 기준으로 표현해야 한다.

내가 경험한 선주사 이야기 1

대만 TMT사

2009년도에 선박 계약관리 업무를 시작하면서, 처음 담당했던 대만 소재 선사인 TMT사. 원래 사명은 Taiwanese Maritime Transportion이었지만, Today Makes Tomorrow로 전격 개명하며 한국 조선소에 대량으로 선박을 발주한 투기적 성향이 강한 선주사다.

TMT사가 선박을 발주할 당시는 한국 조선업이 초호황기를 누리던 시기로, 주식으로 치면 선박 가격이 거의 상투에 가까운 시기였다. 그런데도 현대중공업그룹사에만 약 30척을 발주하는 등 무리수를 둔 탓인지, 상다수의 계약 취소가 불가피 했고 완공된 선박들도 선박을 담보로 대만계 은행에서 자금을 빌려 어렵게 인도를 진행했다.

처음 맡은 프로젝트가 이처럼 복잡하고 어렵게 일이 진행되다보니, 스트레스도 많이 받았지만 한편으로는 각종 합의서 체결과 미납 대금의 추심을 비롯하여 선박 계약관리와 관련한 일련의 업무를 집중적으로 익힐 수 있는 긍정적인 계기도 되었다. 또한 감리의 책임을 맡은 수석감독 및 본사의 기술책임자가 과거 일본조선소에서 은퇴한 일본인들이라, 한 동안 쓰임이 없었던 일본어를 매일 활용할 수 있는 값진 시간이기도 했다.

이 후 TMT사와는 미납대금에 대한 법정 소송으로 이어졌고, 최근에야 지루한 공방이 일단락되었다. 아이러니하게도, 나와 같은 팀에서 TMT사 소송 업무를 담당했던 신입사원은 해당 업무가 계기가 되어 퇴사한 후 로스쿨에 들어가 변호사 시험에 합격하기도 했다.

TMT사의 회장은 선물투자로 큰 자금을 모은 후, 조선업이란 한 분야에 올인하면서 좋지 않은 결론을 맞기 했지만, 매우 독창적인 아이디어를 가진 인물이었다. 가장 대표적인 예가 멕시코만에 대규모 기름 유출 사고가 발생하자 유조선을 개조하여 기름제거선을 만들어 투입하기도 했는데, 일반인이라면 쉽게 하기 힘든 발상을 많이 했다.

기름제거선으로 개조한 유조선도 VLOO (Very Large Ore and Oil Carrier)라 부르는 특수선박으로, 원유를 실을 수 있지만 철광석과 같은 벌크품도 운반이 가능한 다목적선이다. 얼핏 생각하면 원유와 벌크 두 시장을 모두 공략할 수 있을 것 같지만, 원유를 적재한 이후에 벌크품을 싣기 위해 기름을 제거하는 과정에서 상당한 클리닝 비용이 발생한다는 사실은 간과한 것 같다.

비록 내가 처음 맡은 선사의 결말이 해피엔딩으로 끝나지 않은 것은 상당한 아쉬움으로 남지만, 업무적인 면에서는 다른 담당자들이 쉽게 접하지 못하는 다양한 분야까지 섭렵할 수 있었고, 관계가 한참 좋을 당시에는 선주사의 여자 임원 결혼식에 초대되어 대만결혼식도 체험하는 등 좋은 기억도 많이 남아있다.

초대형 유조선을 기름제거선으로 개조한 사진

Dear Mr. Kevin Costner,

Reference is made to your email below for the subject.

First of all, it is our sincere regret to receive your reply which is beyond our *gentlemen's agreement* [1] discussed yesterday while some items need to be clarified (refer to the revised schedule reflecting our clarification as attached). We should highlight that it was our best proposal resulting from special consideration mainly for your CEO visit while it is beyond our normal production progress.

We would also like to clarify that your mentioned poor condition of the vessel compared to other project is *not because* of poor management by Builder *but because* [2] of different construction stage and different type of vessels as well.

In any event [3], we'd discussed with our relevant departments about your additional requests and have come to learn that our production departments can't afford to accommodate the requests without disturbing their original overall schedule as it will significantly *aggravate* [4] their production efficiencies.

In this context, we have no choice but to proceed double mooring of the subject vessel until 13th Nov. 2020.

Taking this opportunity, we would like to underscore that the Builder has a right to double bank the vessel with the Buyer's approval, which we believe that the Buyer should not withhold unreasonably.

We look forward to your kind understanding on the above and advise us of your position by *COB* [5] today.

Best regards,

B. K. Kang

주1) 신사 협정, 계약적 사항이 아닌 선의에 따라 합의한 사항

주2) ~ 때문이 아닌 ~ 때문이다

주3) 아무튼, 어쨌든.

주4) 악화시키다

주5) Closing of Business의 뜻으로 업무종료 시간을 의미함

본문 해석

캐빈 코스트너 씨에게

본 서신은 표제의 건과 대한 하기 이메일과 관련한 사항입니다.

우선, 일부 항목들에 대해서는 추가적인 확인이 필요(첨부 수정 일정 참조)하겠지만, 어제 협의한 신사 협정을 상회하는 귀사의 회신에 대해 매우 유감스럽게 생각합니다. 우리의 제안은 통상적인 건조 공정을 벗어 나는데도 불구하고 귀 사의 CEO 방문을 고려하여 이례적인 조치로서 최선의 제안임을 강조하지 않을 수 없습니다.

아울러 귀하가 다른 선박과 비교하며 지적한 열악한 선박 상태는, 당사의 관리 상의 부실에서 비롯된 것이 아니라 선박의 종류가 다르고 건조 시점이 다르기 때문임을 밝혀 둡니다.

아무튼, 귀하의 추가적인 요청사항에 대해 유관 부서들과 협의한 바, 해당 요구는 기존 스케줄을 뒤흔들지 않고서는 조치하기가 불가하며 생산 효율성을 현저하게 악화시키는 것임이 확인되었습니다.

이런 관점에서, 해당 선박은 2020년 11월 13일까지 불가피하게 복선 계류로 진행할 수 밖에 없습니다.

한편, 이 자리를 빌어, 당사는 선주사의 승인 하에 복선 계류를 할 수 있는 권한이 있음을 재차 강조하는 바이며, 이 권리는 선주사가 부당하게 거부할 수 없다고 사료됩니다.

상기 사항에 대한 귀사의 양해를 구하며 금일 퇴근 전까지 입장을 회신하여 주시기 바랍니다.

강보경 드림

Tip 흔히 하는 영작문 실수들

우리말 습관에 따른 실수 2

잘못된 표현 : I received your email **well** this morning.

올바른 표현 : I received your email this morning.

※ 우리말로 '잘 받았다'라고 하려다 보니 불필요하게 well을 사용하는 실수를 하지만 well 없이 쓰는 것이 올바른 표현이다.

Dear Mr. Steven Spielberg,

Reference is made to your email dated September 1, 2020 for the subject.

First of all, it is our sincere regret to receive your reply which simply rejected our best proposal resulting from special consideration of your good project while we are struggling for survival under the worst shipbuilding market. Furthermore, as we highlighted, it has not been clarified with written evidence differently from your claim that it was already agreed with us.

In this regard, please note that we *are not in a position to* [1] accept your request of mentioned modification for all series vessels without extra cost as we have already absorbed considerable cost for Hull Nos. 1234/1235 in terms of mutual cooperation.

Given our current hardship, we would like to *solicit* [2] your generous understanding and positive feedback once again.

Best regards,

B. K. Kang

주1) ~하는 입장이 아니다. '~하는 입장이다'라고 할 때 는 be in a position to로 표현.

주2) 간청하다. seek로 더 자주 표현함.

본문 해석

스티븐 스필버그 씨에게

본 서신은 표제의 건과 대한 2020년 9월 1일자 이메일과 관련한 사항입니다.

우선, 당사가 현재의 최악의 조선 시황에서 살아남기 위해 몸부림치는 와중에서도 귀 사의 프로젝트를 고려하여 이례적으로 제시한 특별 제안에 대해 단순 거절 통보를 받게 되어 매우 유감스럽게 생각합니다. 더구나, 이미 강조했던 것처럼, 우리가 이미 합의를 했다는 귀사의 주장과 달리 문서상 근거로서 명백하게 밝혀지지 않은 상황입니다.

이런 이유로, 상호 협조를 위해 1234 및 1235 호선의 상당 비용을 이미 수용했던 만큼, 귀 사에서 시리즈 전 호선에 대해서 요청한 무상 수리작업은 받아들일 수 없습니다.

현재의 어려움을 고려하여, 귀 사의 넓은 양해와 긍정적인 답변을 다시 한 번 촉구합니다.

강보경 드림

4

Dear Mr. Jim Carrey,

With reference to your e-mail below, we would like to advise you that the installation of your requested item is not that minor work as the Buyer believes. Since we have found that such work requires a lot of man power at each step of work such as pretreatment, welding, scaffolding and painting work etc. which is learned from our previous experience for another project.

To be honest [1], the Builder does not want this Extra to be *declared* [2] by the Buyer since this work is clearly not a benefit for the Builder but a kind of burden which interrupts the smooth progress of the construction. Considering the upcoming launching schedule of the vessel, such work should have been started earlier.

Your kind understanding on the Builder's difficult situation would be very much appreciated.

Best regards,

B. K. Kang

주1) 솔직히

주2) 선언하다. 표명하다

본문 해석

짐 캐리 씨에게

귀하의 하기 이메일과 관련하여, 요청한 품목의 설치는 귀하가 생각하는 것처럼 간단한 작업이 아님을 알려 드립니다. 타 프로젝트에서의 경험에 따르면 해당 작업은 용접 및 족장 설치 등에 따른 상당한 인건비가 소요됩니다.

솔직히 말해, 당사는 이 추가작업을 선주사가 실행하는 것을 원하지 않습니다. 왜냐하면 해당 작업은 당사에 전혀 실익이 없고, 오히려 원활한 건조 공정을 방해하는 부담되는 공사이기 때문입니다. 곧 있을 진수 일정을 감안할 때, 그런 작업은 더 일찍 시작되었어야 했습니다.

당사의 어려움에 대한 귀하의 양해를 구합니다.

강보경 드림

⑤

Dear Mr. Sylvester Stallone,

With regard to your e-mail below, please note that we are really not in a position to finalize this item as free of charge since we have already absorbed some cost for the other requests in terms of good cooperation.

Furthermore, as you know well, most of Extra items have been agreed with minimum cost or free of charge which has made the Builder's current poor financial status even worse.

In this regard, we would like to courteously ask the Buyer to understand that the extra cost for your request will remain the same as our previous proposal.

Seeking your kind understanding to the above [1], we look forward to your positive response.

Best Regards,

B. K. Kang

본문 해석

실베스트 스탤론 씨에게

귀하의 하기 메일과 관련하여, 당사는 협조 차원에서 다른 요청들에 대해 이미 일정 비용을 부담했기 때문에 동 품목을 무상으로 하는 부분은 수용할 수 없는 입장임을 알려 드립니다.

더구나 귀하도 잘 알고 있는 바와 같이, 대부분의 추가공사 항목들은, 최소 비용 또는 무상으로 기 합의를 했었고 이로 인해 당사의 열악한 재정상황이 더욱 악화되어 왔습니다.

이런 차원에서, 귀하가 요청한 추가비용에 대한 당사의 기존 제안을 유지할 수 밖에 없는 바, 귀 사의 정중한 양해를 촉구합니다.

귀하의 양해를 구하며, 긍정적인 답변을 기대합니다.

강보경 드림

주1) ~하기 위해 모든 가능한 방법을 철저하게 조사하다

Dear Mr. Harrison Ford,

Reference is made to your e-mail below.

First of all, we would like to seek your kind understanding on the fact that even though we *have thoroughly investigated every corner to* [1] minimize the relevant cost by applying an alternative method with steel plate instead of the resin, it turned out that the cost of such alternative is even higher than the original proposal due to huge labor cost of pretreatment, welding, scaffolding and painting work etc..

In this regard, the Builder believes that our original proposal with resin filler is better solution in terms of both cost and efficiency of work. However, in case of the cost, it is our sincere regret that we have no choice but to remain with our previous proposal. As even if we fully understand a difficulty of the Buyer in chartering the vessel, the worst shipbuilding market ever has forced us to struggle for survival and eventually shrink into ourselves so that we have no room to absorb such actual cost.

Given the Builder's current hardship, we would like to solicit the Buyer's generous understanding once again.

Best Regards,
B. K. Kang

본문 해석

해리슨 포드 씨에게

본 서신은 귀하의 하기 메일과 관련한 건입니다.

우선, 다음 사항에 대한 선주사의 양해를 구합니다. 당사는 레진 대신 철판을 적용하는 대안을 통해 비용을 줄이려는 모든 방법을 철저히 조사했음에도, 해당 대안이 용접, 족장 및 도장 작업 등 상당한 인건비가 소요되는 관계로 원래 제시했던 방법보다 더 비용이 많이 든다는 사실에 알게 되었습니다.

이런 이유로 레진 필터를 사용한 원래의 방법이 비용이나 효율성 면에서 더 나은 대안이라 생각됩니다. 그러나, 비용과 관련해서는, 유감스럽게도 기존 제안을 유지할 수 밖에 없습니다. 귀사의 용선에 있어서의 어려움을 십분 이해하지만, 최악의 조선 시황에서 살아남기 위해 처절한 몸부림을 하고 있는 당사로서는 더 이상 해당 비용을 부담할 여력이 없기 때문입니다.

당사의 어려움을 감안하여, 귀사의 양해를 다시 한 번 당부 드립니다.
강보경 드림

Case 06 환경 조건이 변경되었음을 통보

*Notification of **circumstance change** on the issue*

주1) Memorandum of Meeting 의 약어

주) '~는 다음과 같다'는 표현으로 통상 뒤에 : 로 마무리 한다.

Dear Mr. Robert Downey Jr.,

With regard to your e-mail below, we had a clarification meeting with the Class today concerning the Notation. Unfortunately, we found that there is misunderstanding between the parties, and therefore, it would be difficult for the Class to issue the Notation simply based on the *MOM* [1] made on Feb. 7, 2020 (refer to the Attachment #1).

For your understanding, there are three (3) levels of the Notation (Level 1, 2 & 3) which is well specified in the guidance of the Class as attached (refer to the page 7 to 10 in the Attachment) and it shall be clearly defined and agreed in detail among Buyer, Builder and Class to meet the requirement of Level 3. While we had preliminary discussion at the beginning stage of the project and made a certain agreement specified in the above MOM, it would not be sufficient to issue the relevant notation immediately as the condition of MOM does not meet the required levels at the moment.

In this regard, please be kindly advised that we need to have more discussions among the Buyer, Class and Builder if the Buyer still prefers to have the Notation under the above circumstances.

Meanwhile, for further discussions on this issue, please copy to person-in-charge of our Machinery Design Dep't whose contact details are *as follows* : [2]

Mr. James Bond / Senior Officer
Machinery Design Dep't
Tel : +82 52 123 4567
Email : Jamesbond@hhi.co.kr

Your kind understanding and attention of the above would be appreciated.

Best regards,

B. K. Kang

본문 해석

로버트 다우니 주니어 씨에게

귀하의 하기 메일과 관련하여, 오늘 선급과 해당 notation 관련 미팅을 가졌습니다. 그러나, 상호 잘못된 이해가 있다는 사실을 알게 되었고, 따라서, 선급이 2020년 2월 7일자 면담록(첨부#1 참조)에 근거해서 해당 notation을 발급하는 것은 어려울 것 같습니다.

이해를 돕기 위해, 선급의 지침(첨부 7~10 페이지 참조)에 잘 명시되어 있는 바와 같이 notation은 총 3 단계(레벨 1, 2, 3)가 있고, 레벨 3의 요구사항을 만족하기 위해서는 당사, 선주 및 선급 간 명확하게 정의를 하고 구체적으로 합의를 체결해야만 합니다.
프로젝트 시작 단계에서 개략적인 협의를 하고 위에서 언급한 미팅메모 상에 일련의 합의를 도출하기는 하였으나, 현 시점에서 해당 미팅메모의 조건들은 요구하는 레벨을 만족하지 않기 때문에 동 notation을 즉시 발급하기에는 충분치 않습니다.

이런 측면에서, 상기와 같은 상황에서 해당 notation을 여전히 발급받기를 원하고 한다면, 당사, 선주 및 선급 간 추가적인 협의가 필요함을 적의 알려 드립니다.

한편, 추가적인 협의를 위해, 당사의 기장설계부 담당자 연락처를 다음과 같이 알려 드립니다.

제임스 본드 / 부장
기장설계부
전화 : +82 52 123 4567
이메일 : jamesbond@hhi.co.kr

귀하의 양해와 관심을 당부드립니다.

강보경 드림

흔히 하는 영작문 실수들

우리말 습관에 따른 실수 3

잘못된 표현 : I have a **promise** with my customer tomorrow.

올바른 표현 : I have an **appointment** with my cutomer tomorrow.

※ 우리말로 누구와 만나게 되어 있는 '약속'과 서로 지키기로 한 '약속'이 서로 단어가 같은데서 비롯한 흔한 실수다.

내가 경험한 선주사 이야기 2

그리스 ENESEL사

해운업 하면 빼 놓을 수 없는 나라 그리스, 그런만큼 까다로운 성향의 선주사도 많다고 들어 왔기에 처음 그리스 선주사의 프로젝트를 맡게 되었을 때 걱정부터 앞섰다. 하지만 내가 운이 좋았던 것인지, Enesel사의 컨테이너운반선 동시 15척 건조라는 초대형 프로젝트를 통해 세상에서 가장 인자한 이웃집 아저씨같은 조지 (George)와 따나시스 (Thanasis)를 만나게 되었다.

수석감독으로 부임한 조지는 우리와의 첫 회식 자리에서 '나는 여기에 배를 지으러 왔지 싸우러 온 것이 아니다. 어떤 문제든 해결 못 할 일은 없으니 문제가 생기면 숨기지 말고 알려달라. 내가 최선을 다해 솔루션을 같이 찾겠다.'는 말을 했고, 마지막 선박이 인도되는 순간까지 본인의 그 말을 실천에 옮겼다.

똑같은 컨테이너운반선이 2~3개월의 간격을 두고 순차적으로 인도가 되는 일정이라 관리하기가 쉽지 않았는데, 조지는 보드판과 빈 A4 박스를 호선별로 표기하여 배치한 후에, 현재 진행 중인 사항들은 보드판에 꽂아 두고 수시로 관리하였고, 종결되고 나면 박스에 담는 식의 아날로그 방식으로 단 한 번의 실수나 착오없이 완벽하게 업무를 진행하는 놀라운 관록을 보여 주었다. 물론 그 이면에는, 비가 오나 눈이 오나 단 하루도 거르지 않고 매일 새벽 6시면 어김없이 출근하여 하루 일과를 챙기는 성실함이 있었다.

조지의 절친이기도 한 따나시스는 항상 온화한 미소를 짓고 있는 천사같은 성격의 소유자로서 문제가 생기더라도 화를 내거나 하지 않고 현장 관리자에게 조근조근 대책을 요구하고 문제가 해결될 때까지 인내심을 갖고 기다려 주었다. 신기한 일은, 선주사에서 적극적으로 나서서 일정을 챙기고 문제가 생기면 요란하게 미팅을 소집하고 즉각적인 대책을 요구하는 다른 선주사들과는 달리, **묵묵하게 서로를 믿어 주는 신뢰 관계가 쌓여 나갔던 Enesel 프로젝트가 훨씬 더 공정도 순조롭게 흘러가고 이슈들도 신속하게 정리되었다는 사실**이었다.

그리스 선주사 대부분이 믿고 있는 일종의 미신과 같은 징크스는 **아무리 선박이 급히 필요하더라도 결코 금요일에는 인도를 하지 않는다**는 사실이었다. 15척의 배가 인도되는 동안 단 한 척도 금요일에 인도서명을 한 배가 없었다.

또 하나의 Enesel 선주사와의 기록은 조선업 역사상 전무후무 할 '5척 동시 명명식' 행사였다. 3척 동시명명식 정도는 그렇게 드물지 않지만, 5척의 선박을 동시에 명명한다는 것은 매우 이례적인 일이었고, 불가피하게 오찬을 전후하여 1부 행사와 2부 행사로 나누어 거의 하루 종일 행사를 진행하는 진풍경이 벌어졌고, 언론에도 대서특필되었다.

사진 왼쪽의 조지 부부와 오른쪽의 따나시스

Case 07 선주의 요구가 **인도 전 조치 불가함을** 통보

Notification of Builder's position that the Buyer's request **would not be accomplished before ship's delivery**

Dear Mr. Eddie Murphy,

First of all, we would like to extend our sincere apology for the late reply for the subject issue.

While we have elaborated to solve this problem promptly with the Maker, it seems that it would take more time for us to finalize this issue considering the current status mentioned in the attached letter from the Maker.

However, please be advised that we are now expediting to have full *commitment* [1] from the Maker either to provide feasible technical solution before vessels' delivery or to apply the feasible technical solution during vessels' service in case the Maker is not able to solve it before vessels' delivery.

In any case [2], we, *as a responsible Builder* [3], will get back to you with positive solution on this issue soonest possible, and *request your kind patience in the meantime* [4].

Best regards,

B. K. Kang

주1) 확약, 약속

주2) '어떠한 경우에라도'라 는 뜻으로, 최악의 경우를 상 정할 때 사용.

주3) 당사가 무책임하게 조치 하지 않을 것임을 강조할 때 사용하기 좋은 표현

주4) 조금만 더 인내심을 갖 고 기다려 주시기 바랍니다

본문 해석

에디 머피 씨에게,

먼저 표제 건과 관련하여 회신이 늦어진 점에 대해 진심으로 사과드립니다.

해당 업체와 이 문제를 신속하게 해결하기 위해 애써 왔음에도 불구하고, 첨부의 업체 서신에서 언급된 상황을 고려할 때 동 이슈를 종결하기까지는 시간이 좀 더 필요할 것으로 보입니다.

하지만 본선이 인도되기 전에 문제 해결이 안 될 경우에는, 업체로부터 인도 전에 해법을 제시하거나 인도 후에라도 해법을 적용하겠다는 완전한 확약을 받을 수 있도록 독촉하고 있음을 알려드립니다.

어떠한 경우에라도, 책임있는 건조자로서, 빠른 시간 내 긍정적인 해결책을 회신할 것인 바, 조금만 더 인내심을 갖고 기다려 주시기 바랍니다.

강보경 드림

Case 08   이슈의 **진행 경과** 통보
*Notification of **progress** of the issue*

주1) '즉' 이라 뜻. 라틴어 id est 에서 유래

Dear Mr. Johnny Depp,

With regard to the issue mentioned in the email below, we would like to update the progress as follows.

The drawings have been approved by the Class and the relevant tests for the piece are being carried out in accordance with our production progress.

The updated report will be provided to the Buyer around Vessel's launching period, *i.e.* [1], end of July as it shall take time to complete the whole tests.

We apologize for the late reply and look forward to your kind understanding on the above.

Best regards,

B. K. Kang

본문 해석

죠니 뎁 씨에게

귀하의 하기 이메일 및 첨부와 관련하여, 공정상황을 다음과 같이 업데이트해 드립니다.

도면은 선급 승인을 완료하였고, 시편에 대한 해당 테스트들은 건조 공정에 따라 진행중입니다.

한편, 업데이트된 보고서는 전체 테스트를 완료하는데 시간이 걸리는 바, 본선의 진수 즈음인, 즉 7월 말, 선주측에 제공 가능할 것입니다.

회신이 늦어진 점에 대해 죄송하게 생각하며 상기 건에 대한 양해를 당부 드립니다.

강보경 드림

Case 09 이슈에 대한 **설명/해명**
*Notification of **clarificaiton** of the issue*

주1) 'that 이하임을 확약한
다'는 관용적인 표현.

Dear Mr. Chris Evans,

With regard to our email for the subject as below, we would like to further clarify the extra/credit balance as follows for your better understanding.

The advised amount of U$100,200 was only preliminary number from our internal system as of December 31, 2019, however, we *hereby confirm that* [1] the final balance amount of extra/credit for the subject vessel is U$100,330 which aligns with the amount of monthly progress report of January 2020 as attached (refer to Attachment).

For the sake of good order, the official invoice will be submitted to the Buyer in due course for the amount of U$100,330.

If you need any further clarification from us, please let us know.

Best regards,

B. K. Kang

본문 해석

크리스 에반스 씨에게,

표제 건에 대한 귀하의 하기 이메일과 관련, 더 나은 이해를 위하여 extra/credit을 좀 더 설명해 드리려 합니다.

통보해 드린 금액 U$100,200은 2019년 12월 31일자로 시스템에 등재된 초기값이고, 해당 선박에 대한 최종 extra/credit 정산금액은 U$ 100,330임을 확약하며, 이는 첨부한 2020년 1월 월간 보고서(첨부 참조)의 금액과도 일치합니다.

원활한 업무 처리를 위하여, 공식 인보이스는 U$100,330으로 해서 선주측에 적의 제출될 예정입니다.

추가적인 확인이 필요하다면 알려 주시기 바랍니다.

강보경 드림

Case 10 공정 만회 계획 통보
*Notification of **catch-up plan***

주1) 'that 이하임을 확신하셔도 좋다', 'that 이하에 대해 걱정하지마시라'는 뜻. 상대방을 안심시키는 의도로 자주 사용됨

Dear Mr. Chris Hemsworth,

Reference is made to your e-mail dated August 12, 2020 for the subject.

As you highlighted in your e-mail, we had some work loss during our summer holiday due to unfavorable weather condition caused by indirect effect of Typhoon.

In order to be on track again, we had an internal meeting with the relevant departments hosted by management of Production dep't and established catch up plan including two shifts (day and night) for the important items as well as adding more man power on painting works in various areas.

While we fully appreciate the Buyer's concern on work progress mentioned in the e-mail from you, *please rest assured that* [1] we will do our utmost to catch up the delayed schedule soonest possible so as to keep the delivery date of the Vessel.

Your kind understanding and continuous cooperation would be highly appreciated.

Best regards,
B. K. Kang

본문 해석

크리스 햄스워스 씨에게

본 서신은 표제의 건과 대한 2020년 8월 12일자 이메일과 관련한 사항입니다.

귀하의 메일에서 강조한 것처럼, 태풍 간접 영향으로 인한 기상 악화로 하기 휴가 기간 동안 공정 손실이 있었습니다.

공정 정상화를 위해, 생산 부문 임원 주재로 유관 부서간 내부 회의를 실시했고, 주요한 품목에 대한 2교대(주야간 근무) 작업과 여러 구역의 도장 작업을 위한 추가 인력 투입을 포함하는 만회계획을 수립하였습니다.

귀하가 이메일 상에 언급한 작업 진행사항에 대한 우려는 충분히 이해가 되지만, 인도일 준수를 위한 지연된 일정 만회를 위해 최선을 다할 것임을 믿으셔도 좋습니다.

귀하의 양해와 지속적인 협조를 부탁드립니다.
강보경 드림

Case 11 메인 이벤트 실시 통보
*Notification of **implementation of (milestone) event***

Dear Mr. Liam Neeson,

Further to our e-mail dated August 18, 2020 for the subject, we hereby confirm that vessel will depart on September 2, 2020 to carry out the trial run as scheduled.

In this regard, *you are kindly requested to* [1] embark on the vessel by 08:30 hours on the same day. For your embarkation, we will arrange a shuttle bus from the site office building to Quay No.1 at 08:00 hours.

Your kind attention to the above would be appreciated.

Best regards,

B. K. Kang

주1) 상대방이 to 하도록 요 청하는 정중한 표현

본문 해석

리암 닐슨 씨에게

당사의 2020년 8월 18일자 메일에 이어, 선박이 2020년 9월 2일에 예정대로 시운전 출항 예정임을 확약합니다.

이와 관련하여, 당일 08:30분까지 승선해 주실 것을 요청 드립니다. 승선을 위하여, 선주실 건물 앞에서 1안벽까지 가는 셔틀버스를 08:00시에 배차하였습니다.

상기 건에 대한 주의를 당부 드립니다.

강보경 드림

Case 12 메인 이벤트 연기 통보
*Notification of **delay of (milestone) event***

주1) ~의 참석 하에

주2) Port(좌현) &
Starboard(우현)의 약어

Dear Mr. Daniel Craig,

Further to our e-mail dated August 28, 2020 for the subject, please be advised that the inclining experiment & lightweight measurement of the vessel will be carried out after sea trial due to heavy wind as discussed and agreed during the meeting today *in the presence of*[1] Owners, Class and Builder.

For the sake of good order, the inclining experiment & lightweight measurement will be arranged proper condition including bottom cleaning of forepeak tank and ballast tank of Nos. 3 (*P&S*[2]) & 4 (P&S) as you requested.

Your kind attention to the above would be appreciated.

Best regards,

B. K. Kang

본문 해석

다니엘 크레이그 씨에게

당사의 2020년 8월 28일자 메일에 이어, 오늘 선주, 선급 및 당사 참석 하에 실시한 미팅에서 협의 및 합의한 바와 같이 선박의 중경사 시험은 강풍으로 인해 시운전 이후에 실시할 예정임을 알려 드립니다.

원활한 업무 추진을 위하여, 중경사 시험은 귀하의 요청에 따라 forepeak 탱크 및 좌우현 3, 4번 평형 수 탱크의 바닥 청소를 포함한 적정한 조건 하에서 실시 예정입니다.

상기 건에 대한 주의를 당부 드립니다

강보경 드림

Case 13 요청한 **자료의 제출 통보**
*Notification of **submission of requested material***

Dear Mr. Dwayne Johnson,

With regard to the subject, we understand that your mentioned addendum is for the formality purpose as the issue has already been mutually agreed and closed *via* [1] our exchange of correspondence.

For the sake of good order, we would like to provide you with our draft of addendum for your reference as attached.

Please let us know your comment on the addendum, *if any* [2], for our quick review. Otherwise, please send us of your scanned copy with the Buyer's signature for our counter-signing accordingly.

Best regards,

B. K. Kang

주1) ~를 통해. ~의 방법으로

주2) '혹시라도 있다면'을 표현할 때 사용

본문 해석

드웨인 존슨 씨에게

표제의 건과 관련하여, 말씀하신 합의서는 이미 주고받았던 교신에 따라 상호 합의 및 종결된 건이기에 단순히 행정적 절차로 이해하고 있습니다.

원활한 업무 처리를 위해, 검토를 위한 합의서 초안을 첨부와 같이 전달 드립니다.

합의서에 대해 혹시라도 의견이 있으시면 저희 검토를 위해 알려주시기 바랍니다. 의견이 없다면, 선주 측 서명을 한 스캔본을 저희 서명을 위해 보내 주시기 바랍니다.

강보경 드림

Case 14 　중간 통보

*Notification of **bridge email***

1

Dear Mr. Roger Moore,

First of all, we would like to extend our sincere apology for causing concern regarding subject issue.

We *will get back to you* [주1] soonest after internal meeting with relevant departments for possible solution.

Your kind understanding on the above would be appreciated.

Best regards,

B. K. Kang

주1) 회신하겠다(연락하겠다)

본문 해석

로저 무어 씨에게

우선 표제 건으로 심려를 끼쳐 드려 심심한 사과를 드립니다.

관련 부서와 가능한 대안을 위한 내부 미팅 후에 빠른 회신을 드리겠습니다.

상기에 대한 양해를 당부 드립니다.

강보경 드림

Dear Mr. Clint Eastwood,

Further to [1] our phone conversation this morning, we would like to update the current status as follows.

As per your request [2] of advancing supply of the item, we have investigated the possibility with the Maker but surprisingly we found that it will be delayed to the end of next month.

While we made strong complaint to the Maker for the delay causing huge disturbance to all relevant parties, we *urged* them *to* [3] provide us with possible alternatives immediately, i.e. air freight under special care etc.

Under the above circumstances, we would be able to confirm tomorrow only for the case 1 as the case 2 and 3 are very much subjective to the availability of the above item which is not clear at the moment.

Whilst we will try our best to reconfirm the Case 2 and 3 by next week based on the further discussion on the available date of the item with the Maker, you are kindly requested to discuss with Charterer on Case 1 which is the most practical option for the moment.

Your kind understanding and patience on the above would be highly appreciated.

Best regards,

B. K. Kang

주1) ~에 이어

주2) 귀하의 요청에 따라

주3) ~하도록 촉구하다

본문 해석

클린트 이스트우드 씨에게

오늘 아침 전화 대화에 이어 현재의 상황을 다음과 같이 업데이트해 드립니다.

해당 품목의 공급 일정을 앞당겨 달라는 귀하의 요청에 따라, 우리는 업체와 해당 가능성을 조사해 보았으나, 놀랍게도 다음 달 말까지로 지연된다는 사실을 알게 되었습니다.

동 지연에 따라 모든 관계자에게 엄청난 혼란을 끼친데 대하여 업체측에 강한 불만을 제기하는 한편, 항공 특별 운송 등을 포함한 가능한 대안을 즉시 제시하도록 촉구하였습니다.

위와 같은 상황에서, case2와 case3은 현재 가용 여부가 매우 불확실한 바, 우리는 내일 case1에 한해서만 확약이 가능합니다.

업체와의 추가적인 협의를 바탕으로 다음 주까지는 case2와 case3에 대해서도 재확약을 할 수 있도록 최선을 다하겠지만, 용선주와 현재 가장 현실적인 대안인 case1을 기준으로 협의를 해 주시기 바랍니다.

귀하의 양해와 인내를 당부 드립니다.

강보경 드림

🖥️Tip 흔히 하는 영작문 실수들

약어를 표현한 괄호의 띄어쓰기

잘못된 표현
: This frigate furnishes sophiscated Combat Management System(CMS).

올바른 표현
: This frigate furnishes sophiscated Combat Management System (CMS).

※ 괄호로 약어를 표현할 때는 띄어쓰기를 하는 것이 올바른 작문이다.

주1) 근본원인

주2) ~하게 허락해 달라

Dear Mr. Sean Connery,

With regard to your email below, please be advised that the Person-In-Charge of our Electrical Design Dep't is investigating the *root cause* [1] of the subject issue together with the Maker.

According to the Maker's quick review, it is not clear that the issue is from either design or operational condition at the moment.

In this regard, please *allow* us *to* [2] reply to you after our summer holidays as it will take some time for us to proceed further with our investigation.

Your kind understanding on the above would be appreciated.

Best regards,

B. K. Kang

본문 해석

숀 코너리 씨에게

귀하의 하기 이메일과 관련, 전장설계부 담당자가 업체와 함께 표제 이슈의 근본 원인을 조사하고 있음을 알려 드립니다.

업체의 긴급한 검토 결과, 현재로선 해당 이슈가 설계 문제인지 운영상의 문제인지가 명확하지 않습니다.

따라서, 추가적인 조사에 조금 더 시간이 걸릴 것이므로 당사의 하기 휴가 이후에 회신할 수 있도록 해 주시기 바랍니다.

귀하의 양해를 당부드립니다.

강보경 드림

내가 경험한 선주사 이야기 3

말레이시아 MISC사

MISC사는 내가 처음 담당했던 무슬림 국가 프로젝트이자 단일 건으로는 가장 오랜 기간인 무려 5년 간 (2013년 말 ~ 2018년 초)을 담당해 온 최장기 프로젝트였다. 또한 이미 전 세계 LNG운반선의 표준이 된 MEMBRANE TYPE이 아닌, 알루미늄 재질의 구형(球型)의 탱크가 특징적인 MOSS TYPE의 선형으로서, 해당 프로젝트를 위해 시설 투자를 다시 하고 과거의 전문인력들을 총동원 하는 등 건조 과정에서 어려움들도 많았다.

특히, 하루에 네 번씩 기도를 해야 하는 무슬림 고객을 위해 사무실 공간 외에 기도실을 제공해야 했고, 선주사의 종교적인 휴일에는 선박 검사 업무가 제한되었으며, 회식을 한 번 하려 해도 할랄(Halal) 음식이 가능한 식당이나 해산물 또는 뷔페로만 진행해야 하는 애로사항들이 있었다.

그렇지만 가족을 중요시하여 대부분 다자녀를 둔 대가족 문화인데다 정(情)이 넘치는 사람들이라, 다른 어떤 고객들보다도 끈끈한 관계 형성이 가능했다. 말레이시아 전통음식 중 '나실라막'이라는 우리나라 비빔밥 비슷한 음식이 있는데, 현지에서는 아침식사로 주로 먹지만 타지에 나와서는 생일같은 뜻깊은 날에 대량으로 만들어 이웃과 나눠 먹는 풍습이 있다. 내 입맛에 잘 맞아서 말레이시아 출장 때마다 즐겨 먹고는 했는데, 감독 중 누군가의 생일이거나 하면 꼭 내 몫까지 사무실로 챙겨 와서는 잊지 않고 챙겨 주곤 했다.

MISC 프로젝트를 담당하던 당시에 선박의 이름을 공식적으로 부여하는 명명식(命名式) 행사 때마다 행사 전반을 리드하는 Naming Master 역할을 했었다. Naming Master는 선주사의 VIP들에게 회사 소개 브리핑부터 시작해서 행사가 끝날 때까지 손님들을 밀착 안내하면서 행사의 분위기를 이끌어야 하는 중요한 역할이다. MISC 프로젝트에 대한 애착이 강했던 터라, 명명식 행사에도 개인적으로 각별한 노력을 기울였는데, 그 중 하나가 회사 소개 브리핑을 할 때 말레이시아어로 환영 메시지를 전하는 거였다.

단순히 '안녕하세요' 정도의 단문형 인사말이 아니라, 행사의 취지와 성격에 맞는 메시지를 담은 적당한 분량으로 미리 준비하여 선주 감독에게 번역과 육성 녹음을 부탁한 뒤, 출퇴근 차 안에서 무한반복해서 들으며 발음과 억양까지 말레이시아인에게 가깝게 연습하였다. 내 예상대로 고객사의 현지 언어로 전하는 나의 메시지는 선주사 회장님을 비롯한 모든 분들이 신기함과 함께 칭찬을 아끼지 않았고, 다섯 번의 명명식을 진행하는 동안 과연 내가 이번에는 어떤 메시지를 전할까 기대하며 기다리기도 했다.

항상 고객의 입장을 이해하려는 나의 이러한 노력의 결정판은 이 책의 5장에서 자세히 소개되어 있는 '팀 빌딩 행사'로 이어졌고, 장기간의 대형 프로젝트를 팀웍을 발휘하여 성공적으로 완수할 수 있게 한 원동력이 되어 주었다.

명명식 중 Naming Master를 수행하고 있는 장면

2. 요청 *Request*

Case 01 선주의 **빠른 회신** 요청
*Request for **prompt reply***

"Without Prejudice" [1]

Dear Mr. Daniel Radcliffe,

Reference is made to our email dated February 7, 2020 and *subsequent* [2] numerous correspondences by and between you and our Design department for the subject.

First of all, we would like to highlight that we are in a very difficult position on the subject issue due to the delayed agreement on the contents of Root Cause Analysis (RCA) report by all parties. We feel that it would not be clearly concluded or mutually agreed soon as there seems to be big *discrepancy* [3] in the technical *perspectives* [4] of the parties.

However, unless we provide the Buyer with the requested RCA report by the end of this month at the latest, we will be facing a totally uncontrollable condition, and *as a result* [5], all relevant parties might *encounter* [6] unfavorable situation.

Under the above circumstances, we, as a responsible department of the project, would like to focus on the requirement from the Buyer. In this point of view, we hereby propose to you the following *mitigated action* [7] for the Buyer's requirement provided that the further technical clarification session will be arranged at a later stage separately.

Notwithstanding the above, we still have a few issues to be solved, but we believe that the above are *the meaningful steps for all of us to move forward* [8].

Expecting your positive and immediate reaction on the above within end of March, you are strongly recommended to visit our company earliest possible to close the issue by way of face-to-face meeting.

Best regards,

B.K. Kang

주1) (계약상의) 권리를 침해하지 않고
※ 동 교신으로 상호 어떠한 합의를 도출하더라도 계약상의 권리를 포기한 것이 아님을 뜻함.

주2) 앞서 언급한 것 이후에 이어진 일련의

주3) (의견 등의) 차이

주4) 관점

주5) 앞에서 언급한 어떠한 상황에 따른 결과로

주6) (어떠한 상황)에 맞닥뜨리다

주7) 합의안, 중재안

주8) (상황을) 진전시키는 의미있는 조치

본문 해석

다니엘 래드클리프 씨에게,

본 서신은 표제 건에 대한 저희의 2020년 2월 7일자 이메일 및 이후 귀하와 저희 설계실 간 주고받은 일련의 수 많은 교신들에 관한 사항입니다.

우선, 당사는 표제 이슈와 관련하여 원인분석 보고서의 내용과 관련한 합의 지연으로 인해 매우 어려운 입장에 처해 있습니다. 저희가 느끼기에 상호간에 기술적 관점에 있어서 큰 입장 차이가 있는 듯이 보이기에 단기간에 명쾌하게 결론이 나거나 상호 합의에 이르지 못할 듯 합니다.

그러나, 선주 측에 늦어도 이달 말까지 원인분석 보고서를 제공하지 못할 경우, 우리는 완전히 통제불능한 상태에 직면할 것이고, 그 결과, 모든 당사자들이 어려운 상황에 직면할 수 있습니다.

이러한 상황에서, 프로젝트를 책임지는 부서로서, 우리는 선주의 요구사항에 초점을 맞추고자 합니다. 이런 관점에서 볼 때, 추후 기술적인 협의 기회를 나중에 별도로 가진다는 전제 하에, 우리는 선주측 요구사항과 관련하여 다음과 같은 중재안을 제안하고자 합니다.

상기와는 무관하게, 우리는 여전히 풀어야 할 이슈들이 있지만, 상기 내용이 상황을 진전시킬 의미있는 조치라고 생각합니다.

귀하의 3월 하순까지 긍정적이고 즉각적인 조치를 기대하면서, 직접 미팅을 통해 동 이슈를 종결코자 하오니 가급적 빠른 시한 내 당사를 방문해 줄 것을 강력하게 권고 드립니다.

강보경 드림

📱Tip 흔히 하는 영작문 실수들

expect와 look forward to의 차이

잘못된 표현
: I'm **expecting** to meet you.
올바른 표현
: I'm **looking forward to** meeting you.

※ expect의 우리말 뜻을 '기대하다'라고 알고 있는데서 흔히 범하는 실수다. '~를 간절히 바란다'는 뜻으로 사용하고자 할 때는 look forward to ~ing가 맞고, expect는 '어떤 일이 발생할 것을 예상한다'고 할 때 사용해야 한다.

Dear Mr. Bruce Banner,

Further to our discussion regarding the subject at your office previously, we understand that the delivery of the subject vessel *is expected to* [1] be extended two (2) months from the contractual delivery date, October 31, 2020 in accordance with the Buyer's Option stipulated in the Contract.

For the sake of our proper planning for the vessel's overall construction schedule, it would be highly appreciated if you advise us of your exercise of the Option immediately *once* [2] you have made your decision.

We look forward to your prompt response on the above.

Best regards,

B. K. Kang

주1) ~할 것으로 예상된다.

주2) once 이하를 하는 대로

본문 해석

브루스 배너 씨에게,

표제 건과 관련하여 지난 번 귀하의 사무실에서 가진 협의와 관련, 표제 호선의 인도는 계약서에 명시된 선주 옵션 조항에 따라, 계약상 인도일인 2020년 10월 31일에서 2달 더 연장될 것으로 예상하고 있습니다.

당사의 원활한 건조 계획 수립을 위하여 의사 결정이 이루어지는 즉시 상기 옵션을 행사하여 주시면 감사하겠습니다.

귀하의 빠른 회신을 기다립니다.

강보경 드림

선주의 **정보 요청**
*Request for **information***

주1) ~앞으로 보낸

주2) 제약사항

주3) 만약의 상황에 대비한 비상(예비) 계획

Dear Mr. David Copperfield,

With reference to your email *addressed to* [1] Mr. Choi, head of our Singapore office and the subsequent phone conversation with you today for the subject, we would like to advise you of our position as follows.

As you may understand the naming ceremony is normally arranged/carried out under the close cooperation of many relevant parties, internal and external to HHI. Your requested new date for the ceremony, 28th July, is the first day of our long summer holiday which means only limited support will be available.

Furthermore, the annual overall yard maintenance such as road pavement, replacement of appliance etc. is usually done during the first week of the holiday. Therefore, there would be many *restrictions* [2] to arrange/carry out a big ceremony during that period.

In light of the above, we would like to propose that you hold the naming ceremony on an earlier date, such as 25th July, for smooth and successful ceremony, if 27th July is not available to the Buyer. For your information, the earlier dates 19th ~ 21st July would be also available, as *contingency* [3] if 25th July is not convenient to you.

Seeking your kind understanding to the above, we look forward to your positive response for satisfactory arrangements to be made.

Best regards,

B. K. Kang

본문 해석

데이빗 카퍼필드 씨에게,

귀하가 당사의 싱가폴 지사장인 Mr. Choi에게 보낸 이메일에 대해 오늘 전화로 나눈 대화와 관련하여, 당사의 입장을 아래와 같이 알려 드립니다.

귀하가 이해하는 것처럼 명명식은 통상 HHI 내외의 수 많은 유관 당사자들 간 긴밀한 협조 하에서 준비되고 실행됩니다. 요청하신 새 명명식 날짜인 7월 28일은 당사의 긴 하기 휴가 첫날이며 이는 제한적인 지원만 가능함을 의미합니다. 더구나, 도로 포장이나 설비 교체 등 정기적인 회사의 유지보수 작업들이 주로 휴가 첫 주에 실시됩니다. 따라서 그런 대형 행사를 동 기간에 준비하고 실행하는 것에는 많은 제약이 따를 것입니다.

이런 측면에서, 7월 27일이 선주 측에 가능하지 않다고 한다면 원활한 행사 진행을 위하여 조금 더 이른 날짜인 7월 25일에 행사를 실시할 것을 제안 드립니다. 참고로, 7월 25일이 적절하지 않다면 좀 더 빠른 날짜인 7월 19일~21일 역시 예비로 가능합니다.

상기에 대한 양해를 부탁드리며, 만족스러운 준비가 될 수 있도록 긍정적인 회신을 기다리겠습니다.

강보경 드림

Tip 흔히 하는 영작문 실수들

who's 와 whose의 차이

잘못된 표현 : **Who's** idea is it?

올바른 표현 : **Whose** idea is it?

※ 발음만 같을 뿐 who's는 who is의 줄임말이고, '누구의'라고 사용할 땐 whose로 써야 한다.

Case 03 선주의 **신속한 확약** 요청
*Request for **prompt confirmation***

주1) DHL, FEDEX와 같이 우편배송을 뜻하는 명사이나, 동사로 '우편발송을 하다'의 뜻으로 사용되기도 함

Dear Mr. Paul Walker,

Regarding your email below, please find the scanned copy of Addendum No.1 with our signature attached.

For the sake of clarity, please be advised that we slightly adjusted some clauses for consistency with Addendum No.3 as follows.

Clause C of Page 1
: The same wordings as the clause of Addendum No.3 is applied with logical change of addendum number.

Clause 3.1 of Page 2
: The similar wordings of the relevant clause of our letter (Appendix B) is applied.

Upon receiving your confirmation on the above, we will *courier* [1] two (2) original copies of Addendum No.1 to your office together with Addendum No.3.

Best regards,

B. K. Kang

본문 해석

폴 워커 씨에게,

귀하가 하기 이메일과 관련하여, 1번 부속서류 서명본을 첨부와 같이 전달드립니다.
명확한 설명을 위해, 3번 부속서류와의 일관성 유지를 위하여 일부 조항들을 다음과 같이 약간 수정하였음을 알려 드립니다.

1페이지의 C 조항
 3번 부속서류 해당 조항의 동일한 문장을 부속서류 번호만 수정하여 적용함

2페이지의 3.1 조항
 저희 레터 해당 조항에 있는 유사한 문장(별첨B)을 적용함

상기 내용에 대한 확약을 접수하는 대로, 1번 부속서류 원본 2부를 3번 부속서류와 함께 발송해 드리겠습니다.

강보경 드림

Dear Mr. Bruce Springsteen,

With reference to the subject, the agreed modification work has been duly applied and we verified its result *by way of* [1] recent confirmation trial of Hull No. 1234 accordingly.

Meanwhile, it seems that we have not received your official acknowledgement on our email below.

For the sake of good order, we *look forward to* [2] your kind confirmation on the above.

Best regards,

B. K. Kang

주1) ~의 방법으로, ~의 수단으로

주2) to 이하를 간절히 바란다. to 뒤에는 명사형이 와야 함 (to 부정사가 아닌 전치사 to)

본문 해석

폴 워커 씨에게,

표제의 건과 관련하여, 합의한 수정작업이 적의 조치가 되었고 최근의 1234호선의 컨펌 트라이얼을 통해 그 결과가 검증되었습니다.

그런데, 하기 이메일에 대한 귀하의 공식적인 접수확인을 받지 못한 것 같습니다.

원활한 조치를 위하여, 상기에 대한 확약을 부탁드립니다.

강보경 드림

Case 04   선주의 **설명/해명** 요청
*Request for **clarification***

주1) '감사하게 절 양지했다' 는 통상적인 표현

주2) ~라는 측면(관점)에서

Dear Mr. Michael Jackson,

Your prompt reply below *is duly noted with many thanks* [1].

With regard to the gangway in Sunny Terminal, we understand that it has been designed to have luffing up of +20 degree and luffing down of -35 degree.

Based on our understanding, the above limitation of +20 degree is only purpose of alignment with -35 degree due to operational preference. For example, in case that the height of deck is 16,630mm from Datum Line, the gangway can be landed either 'at -35 degree on 4th floor' or '20 degree at 3rd floor'.

However, we are considering to have the terminal gangway to be operated at 5th floor, with luffing up condition about +32 degree (more than design of +20 degree), based on the previous understanding that the Sunny Terminal gangway can be luffing up to more than +20 degree.

We would therefore appreciate if you can share the design basis for that operational requirement. And is there any other consideration *in terms of* [2] safety especially for the design on luffing up of +20 degree and luffing down of -35 degree?

Kindly confirm that if there is specific mechanical limit switch/alarm setting available at those luffing up of +20 degree and luffing down of -35 degree conditions and modification/adjustment is required in case the terminal gangway is able to be operated at the above condition (luffing up +32 degree).

We apologize to bother you again with this issue, but it would be highly appreciated if you advise us of your kind opinion on the above clarification as it is very critical issue for us.

Looking forward to your positive feedback.

Best regards,

B. K. Kang

본문 해석

마이클 잭슨 씨에게,

귀하의 하기 메일은 감사하게 잘 양지하였습니다.

써니 터미널의 갱웨이와 관련, 저희는 상방 20도 하방 35의 각도로 올리고 내릴 수 있게 설계되었다고 알고 있습니다.

상방 20도 제한은 작동상의 선호에 따라 단순하게 하방 35도와 맞추기 위한 목적이라 이해하고 있습니다. 예를 들면, 데크의 높이가 측량기준선(Datum Line)에서 16,630mm인 경우, 갱웨이는 4층에 하방 35도로 내리거나 3층에 상방 20도로 내릴 수 있습니다. 이 경우 건너가기가 더 쉽도록 통상 4층에 하방 35도로 진행합니다.

한편 우리는 5층에 터미널 갱웨이가 상방 32도의 각도(설계 기준인 20도 보다 큰)로 작동하는 방안을 살펴보고 있는데요, 이는 써니 터미널의 갱웨이는 20도보다 더 많이 들어 올릴 수 있다는 종전의 이해에 바탕을 두고 있습니다.

따라서 작동 조건에 대한 귀 터미널의 설계 컨셉을 알려 주신다면 감사하겠습니다. 특히, 상방 25도 하방 35도라는 설계가 안전성 외 다른 고려사항이 있는지요?

혹시 스위치나 알람 설정 방식으로 상방 20도와 하방 35도 작동에 대한 기계적인 제한설정이 있는지와 터미널 갱웨이가 위에서 언급한 조건(상방 32도로 들어올리기)으로 동작이 가능하다고 할 때, 수정/조정 작업이 필요할는지도 확인해 주시면 감사하겠습니다.

동 건으로 다시 번거롭게 해드려 죄송하지만 저희에게는 매우 중요한 사안이오니 상기 설명의 대한 의견을 주신다면 정말 감사하겠습니다.

긍정적인 회신을 기다리겠습니다.

강보경 드림

☺ Tip 흔히 하는 영작문 실수들

이메일 상에서 본인을 소개할 때

잘못된 표현 : **I am** B.K. Kang.

올바른 표현 : **This is** B.K. Kang. 또는 **My name is** B.K. Kang.

※ I am ~ 으로 소개하는 것은 직접 마주 보고 하는 대화형에 사용하고, 문어체로 사용할 때는 적합하지 않다. 전화상으로 소개할 때도 This is ~ 가 맞다.

Case 05 인터뷰 및 설문조사에 대한 협조 요청
*Request for **interview/survey***

Dear Mr. Kenny Rogers,

Thank you for your kind cooperation as always.

I was requested by our Industrial Design Research Dept. to arrange an interview regarding the Brand Image of our new Engine for the purpose of *enhancing* [1] customer-oriented product/design development for the future.

주1) 제고하다, 진작시키다

주2) 인터뷰 대상자

In this point of view, it would be highly appreciated if you allow us to have your precious time for the interview as follows.
- **Date & Time** : April 18, 2020 (Tuesday) 15:00~15:30
- **Venue**　　　: At your site office (if applicable)

For the sake of good order, please advise us of your proper *interviewee* [2] among your site team for the above.

We look forward to your positive response.

Best regards,

B. K. Kang

본문 해석

케니 로저스 씨에게,

평소 협조에 감사드립니다.

저는 당사 산업디자인연구소로부터 향후 고객 맞춤형 제품/디자인 개발을 진작시키기 위해 신형 엔진에 대한 브랜드 이미지와 관련한 인터뷰 섭외 요청을 받았습니다.

이를 위해, 아래 일시와 장소로 인터뷰를 할 수 있도록 시간을 허락해 주시면 감사하겠습니다.
- **일 시** : 2020년 4월 18일(화) 15:00~15:30
- **장 소** : 선주사무실 (가능 시)

원활한 진행을 위해, 상기 목적에 맞는 인터뷰 대상자를 선정하여 알려주시기 바랍니다.

긍정적인 회신을 기대합니다.

강보경 드림

내가 경험한 선주사 이야기 4

 Knutsen OAS
Shipping

노르웨이 Knutsen사

인구 약 520만명, 남한 면적의 1/3 정도에 불과한 작은 나라지만 북유럽의 대표적인 복지국가 중 하나인 노르웨이에 본사를 둔 Knutsen(크누첸)사 선주를 처음 접한 것은, 2011년도에 당사에 발주한 셔틀 탱커를 내가 속한 팀이 담당하게 되면서였고, 이후로도 지금까지 꾸준하게 동종 선과 LNG운반선을 발주해 오고 있다.

Knutsen사는 통상 한 명의 Site Manager를 운영하는 다른 선주사와는 달리, 두 명의 책임자를 두고 3개월 단위로 번갈아 휴가를 다녀올 수 있게 하는 등 복지국가답게 감독들에 대한 처우가 잘 되어 있으며, 선주실에 근무하는 한국인 비서도 다른 감독들과 큰 차별없이 동등하게 인격적으로 대우해 주는 등 의식수준 자체가 선진화되어 있다.

나중에 알게 된 사실이지만 노르웨이의 경우 결혼을 한 상태에서 해외출장 등으로 인해 3개월 이상 배우자를 혼자 있게 할 경우 이혼 사유가 된다는 말을 듣고 3개월 단위 휴가 제도 이면에 담긴 무거운 책임감을 느낄 수 있었다.

Knutsen사 선주와 함께 일하면서 깨닫게 된 분명한 사실은, 여느 서구 국가들과 마찬가지로 기본적인 원칙 준수를 매우 중요시 한다는 거였다. **사소한 내용이라도 계약대로 이행하지 못할 때는 이를 뒷받침할 충분한 근거와 함께 절차에 따라 해결해야지, 인정(人情)에 호소해서는 일이 풀리지 않고 오히려 더 꼬이기도 했다.** 한 번은 현장 관리자 한 명이 당사의 귀책으로 발생한 문제를 선주에게 부탁해서 해결해 볼 요량으로 선주실을 찾아가 "제발 좀 도와달라. 이 문제를 해결하지 못하면 내가 회사에서 해고될 수도 있다."는 식으로 얘기한 적이 있었다. 그 관리자는 마땅한 해결책이 없는 문제이고 그 만큼 본인의 입장이 절박하다는 것을 강조하기 위해 우리나라 정서에 따라 '회사에서 짤린다'라고 표현했던 거였지만, 선주는 이를 공식적인 협박으로 받아 들이고 다시는 그런 표현을 못 하도록 공식적으로 이의를 제기해 왔다.

한편으로는, **아무리 심각한 문제라 하더라도 당사의 귀책이 없다면 아주 쿨하게 대응하는 그들의 여유**가 부러웠고, 비록 고객이라 하더라도 **자신들의 귀책에 대해서는 진정성을 갖고 미안해하며 해결하기 위해 끝까지 최선의 노력을 다하는 태도** 또한 인상 깊었다.

Knutsen사 프로젝트를 담당하면서 통상 임원급 또는 최소 부서장급 이상에서 하게 되는 인도서류의 서명도 처음으로 하게 되는 영광(?)도 누렸으며, Oliver, Vidor 등의 선주 인사들과 고객이기 이전에 친구와도 같은 인간적인 소중한 인연을 맺을 수 있었음에 감사한다.

LNG운반선 인도서명식 장면

3. 제안 *Proposal*

 일반적인 제안
General Proposal

Dear Captain Brave Man,

We sincerely appreciate your continuous support as always.

As you might be aware, the very first new-built *frigate* [1] for your country is approaching its delivery stage. We believe that the successful delivery of this wonderful naval ship will be a *historical first step* [2] for your country *to open new horizon of* [3] national defense.

To highlight this significant event, we would propose to take commemorative documentary video to cover stories about the *maiden voyage* [4] as well as commissioning ceremony in your country.

Should you been interested in our proposal, we would like to discuss it in detail with you during the *upcoming* [5] Project Management Meeting.

Your kind feedback on the above would be highly appreciated.

Sincerely yours,

B. K. Kang

주1) 호위함. 수상함 중에서 1,500t~3,000t 크기를 가지며 공중, 수상, 수중의 공격으로부터 아군을 호위하는 임무를 수행함.

주2) 역사적 첫걸음

주3) ~의 새 지평을 열다

주4) 처녀출항. 선박 완공 후 처음하는 항해

주5) 다가오는, 곧 있을

본문 해석

브레이브 맨 대령님께,

평소 지속적인 협조에 진심으로 감사드립니다.

주지하시는 바와 같이, 귀국의 사상 첫 신조 호위함의 인도가 점차 가까와 오고 있습니다. 이 멋진 군함의 성공적인 인도는 귀 국 국방의 새 지평을 열게 될 역사적 첫걸음이 될 것이라 생각합니다.

동 이벤트를 더욱 돋보이도록 하기 위해, 첫 출항과 취역식 내용을 위주로 다큐멘터리 비디오 제작을 제안하는 바입니다.

당사의 제안을 수락해 주신다면, 다가오는 사업관리 회의에서 보다 자세한 협의를 드리고자 합니다.

상기에 대한 회신을 당부 드립니다.

강보경 드림

Case 02 제안 사항의 **철회**
Cancellation of the proposal

Dear Captain Brave Man,

Reference is made to our email dated January 6, 2020 for the subject.

Taking into consideration [1] the outbreak of novel coronavirus disease 2019 (COVID-19) and its subsequent progress here in Korea, it is our deep regret to inform you that our management *came to the conclusion* [2] not to proceed with the documentary video of the subject frigate for safety reasons.

However, we are willing to provide video clips including *aerial video* [3] of ship's sailing to assist your internal promotional activities.

Expecting another opportunity to work with you, your kind understanding on the above would be highly appreciated.

Sincerely yours,

B. K. Kang

주1) ~를 고려하여

주2) 결론을 내리다

주3) 항공촬영 영상

본문 해석

브레이브 맨 대령님께,

표제의 건과 관련한 당사의 2020년 1월 6일자 이메일에 대한 사항입니다.

COVID-19 발병 및 동 건의 한국 내 경과를 고려하여, 당사 경영층에서는 안전상의 이유로 다큐멘터리 비디오 촬영을 진행하지 않기로 최종 결정하였음을 유감스럽게 생각합니다.

하지만 귀하의 내부 홍보를 위해 함 운항장면을 담은 항공촬영 영상을 포함한 필요한 영상자료를 기꺼이 제공해 드릴 예정입니다.

다음 기회를 기대하며, 널리 양해를 당부드립니다.

강보경 드림

Case 03 조건부 제안
Conditional proposal

Dear Mr. Sam Smith,

With reference your email dated November 2, 2020 for the subject, we would like to reply as follows.

First, for the sake of clarity, we would like to underscore that the measurement of the vibration has been carried out in accordance with the agreed procedure *on the basis of* [1] the relevant Contract and Specifications and, therefore, we are of the opinion that the results satisfied the contractual requirement.

As to the Buyer's request for the re-measurement of the vibration during the gas trial, we are willing to accommodate the request to *the practical extent* [2] by measuring the vibration for the areas of wheel house subject to the following conditions;

- Condition A
- Condition B

Your kind understanding on the above would be appreciated.

Best regards,

B. K. Kang

주1) ~에 근거하여

주2) 가능한 범위 내에서

본문 해석

샘 스미스 씨에게,

표제에 관한 귀하의 2020년 11월 2일자 이메일과 관련, 아래와 같이 회신 드립니다.

우선, 확실히 하는 차원에서, 진동 계측은 관련 계약 및 스펙에 근거하여 합의한 절차대로 계측된 바, 해당 결과값은 계약 요구조건을 만족한다는 입장에는 변함이 없습니다.

가스 시운전 중에 진동을 재계측해 달라는 선주측 요청에 대해서는, 다음과 같은 조건 하에 거주구 구역의 진동을 가능한 범위 내에서 계측하는 방법으로 선주측 요구를 기꺼이 수용하고 합니다.
- 조건 A
- 조건 B

귀하의 양해를 바랍니다.

강보경 드림

Dear Mr. Alan Walker,

With regard to the shipment of below depot spares, we have investigated all possible ways with the relevant parties including your agency but we found that the import tax amounting to USD10,000 is unavoidable *no matter how* [1] we proceed.

For your reference, we would like to clarify that the above import tax should have been settled by the Buyer to the Builder during the project period with extra/credit balance. However we could not charge to the Buyer this amount at that time since the importance on these items was unknown factor for both parties.

In this regard, you are kindly requested to solve this issue by way of paying the import tax once the above items arrive in your country. In this case, the shipment condition will be changed from *DDP* [2] to *DAP* [3] accordingly.

We look forward to your positive and prompt confirmation of the above.

Best regards,

B. K. Kang

주1) 어떻게 하든

주2) 관세지급인도 조건
: 수출자가 관세까지 지급하는 조건

주3) 도착장소인도 조건
: 수출자가 지정 목적지까지 모든 위험과 비용을 부담하나, 수입통관은 수입자가 진행하는 조건

본문 해석

알란 워커 씨에게,

하기 Depot Spare의 선적과 관련하여, 귀 대리점을 포함한 관계자들과 가능한 모든 방법들을 살펴 보았지만, 어떤 경우에도 수입관세 U$10,000은 불가피하다는 사실을 알게 되었습니다.

참고로, 상기 수입관세는 프로젝트 기간 중에 선주사가 수정계약의 형태로 지불했었어야 하나, 당시에는 상호간에 알 수 없었던 요인이라 선주측에 청구할 수가 없었습니다.

이런 이유로, 상기 품목이 귀국에 도착하면 수입관세를 지불함으로써 동 이슈를 해결해 줄 것을 요청드립니다. 이 경우, 운송조건은 DDP에서 DAP로 변경될 것입니다.

상기에 대해 신속하고 긍정적인 회신을 기대합니다.

강보경 드림

Case 04 선주가 요청한 것과 **다른 방안**의 제안
*Proposal with **different approach***

Dear Mr. Charlie Puth,

Reference is made to the Root Cause Analysis (RCA) report for the subject.

First of all, we would like to convey our regret that the completion of RCA report has been delayed in spite of the importance of the same to close this issue.

For the sake of clarity, it took us longer time than we expected to conclude the major cause clearly. However, after careful investigation, we eventually finalized the report as attached (refer to Attachment #1).

Now that [1] the Root Cause of the issue and its relevant countermeasure is clear, we trust that the Buyer is relieved of its concern on the uncertainty of the issue. Under this circumstance, we would like to propose to move forward together by way of settling this issue in a mutually beneficial way as follows.

1) To provide necessary spare parts : Refer to our proposed list in the Attachment #2
2) To provide warranty extension : Additional one(1) year

Taking into account the facts that [2] a) the current equipment onboard has been proved to be in normal condition through the relevant tests carried out during its sea trial and b) the equipment is the second redundant supporting one, we believe that our above proposal is more advantageous to the Buyer from the practical point of view than replacing the current equipment with new one. Furthermore, it would be more helpful for the Buyer to secure more stable operational condition of the equipment.

Believing that the above proposal is Win-Win solution for both parties [3], we look forward to your positive response on the above.

Best regards,

B. K. Kang

주1) ~인 바, ~이므로

주2) that 이하를 고려할 때

주3) '상기 제안이 양사 모두에게 윈-윈 해법이라 생각하는 바'란 뜻으로, 제안의 마무리 멘트로 유용하게 사용 가능

본문 해석

찰리 푸스 씨에게,

본 서신은 표제의 원인분석 보고서(RCA)에 관한 사항입니다.

우선, RCA의 중요성에도 불구하고 동 건의 완결이 지연되어 유감의 말씀을 전합니다.

이해를 돕자면, 주 원인을 명쾌하게 결론짓는 데 저희 예상했던 것보다 더 많은 시간이 걸렸습니다. 하지만, 조심스럽게 조사해 본 바, 최종적으로는 첨부와 같이 결론을 지었습니다. (첨부1 참조)

동 이슈의 근본원인과 그에 따른 해결방안이 명확해진 만큼, 저희는 동 이슈의 불확실성에 대한 귀 사의 우려가 해소될 것이라 기대하고 있습니다. 이런 상황에서, 다음과 같은 상호 이익이 되는 방법에 합의함으로써 동 건을 진전시킬 것을 제안코자 합니다.

  1) 필요로 하는 Spare parts의 제공 : 첨부2의 당사 제안 목록 참조
  2) 보증기간의 연장 : 추가 1년

a) 현재 본선에 있는 장비는 시운전 시 관련 테스트를 통해 정상적인 상태임이 검증된 점과, b) 동 장비는 예비용 장비라는 점을 고려할 때, 상기 당사의 제안은 단순히 현 장비를 새 장비로 교체하는 것보다는 실용적인 관점에서 볼 때 선주 측에 훨씬 더 이점이 많다고 생각합니다. 더구나, 귀 사가 좀 더 안정적인 장비운용 상태를 확보하는 데도 도움이 될 것입니다.

상기 제안이 양사 모두에게 윈-윈 해법이라 믿는 바, 귀 사의 긍정적인 답변을 기대합니다.

강보경 드림

🎯ip 흔히 하는 영작문 실수들

especially의 올바른 위치

잘못된 표현
: **Especially,** young generation loves that product.

올바른 표현
: Young generation **especially** loves that product. 또는
  Young generation loves that product **especially**.

※ 우리말로 '특히'를 강조하기 위해 맨 앞에 사용하다보니 자주 사용하는 실수다. 부사 especially 적당한 위치는 동사 또는 형용사의 앞 또는 문장의 끝에 쓰는 것이 자연스럽다.

Dear Mr. Justin Bieber,

Reference is made to our email correspondences for the subject as below.

Regarding [1] the security clearance for reviewing 3D model drawings, we have already agreed to the confidentiality agreement *as attached* [2].

Our company security regulations require that the Buyer *is further requested to* [3] make a few more agreements which would be very inconvenient for both parties. You may understand that it requires the highest level of security clearance for reviewing 3D model drawings of the vessel and that most 3D model drawings will be ready only around 60 days *prior to* [4] work commencement of the Vessel which falls in mid November this year.

Under the above circumstances and to minimize security issues, we would like you to allow us to arrange separate reviewing session at our company *premises* [5] in presence of the Buyer's representatives. We believe that it would be a more convenient and efficient way as the Buyer's comment, if any, is able to be immediately reflected without miscommunications by way of face to face meetings/discussion with all relevant designers here.

For your information, the above reviewing *scheme* [6] is already applying to another project which has similar contractual condition your project.

Your positive feedback on the above would be highly appreciated.

Best regards,

B. K. Kang

주1) = in regard to, as regards, with regard to

주2) 첨부와 같이

주3) ~하도록 요청받다 = ~ 해 주시기 바랍니다.

주4) ~전에, ~에 앞서

주5) '장소'를 뜻하는 공식적 표현

주6) (특정한) 방식

본문 해석

저스틴 비버 씨에게,

본 서신은 표제에 대한 하기 이메일 교신과 관련한 사항입니다.

3D 도면 검토를 위한 보안 절차와 관련, 우리는 이미 첨부와 같은 보안 합의서를 체결한 바 있습니다.

그러나, 우리는 최근 양사 모두에게 상당히 번거로울 수도 있는 회사의 보안 규정에 따라, 몇 가지 추가적인 합의서 체결이 필요하다는 사실을 알게 되었습니다. 선박의 3D 도면 검토와 관련한 보안 절차가 통상 가장 최상위 보안 등급을 요구한다는 사실을 아마 알고 계실 듯 합니다. 한편, 대부분의 3D 도면은 대략 착공일 60일 전인 올해 11월 중순에 준비될 예정임을 알려 드립니다.

상기 상황 감안 및 보안 이슈 최소화를 위해, 선주 참석 하에 당사에서 별도의 검토 세션을 가졌으면 합니다. 이러한 방법은 여기에 있는 유관 설계팀과의 미팅과 협의를 통해 선주측 코멘트를 오해없이 즉각적으로 반영할 수 있기 때문에 훨씬 더 편리하고 효율적이라 생각합니다.

참고로, 상기 검토 방식은 귀 프로젝트와 계약적 조건이 유사한 다른 프로젝트에도 이미 적용되고 있습니다.

귀하의 긍정인 회신을 부탁드립니다.

강보경 드림

Tip 흔히 하는 영작문 실수들

날짜를 표기할 때의 on과 in의 바른 사용법

on을 사용할 때 (구체적인 날짜나 요일을 표기할 때)
: The naming ceremony will be carried out **on June 5, 2020.**

in을 사용할 때 (달 또는 연도만 표기할 때)
: The new policy will begin **in March.**

Case 05 원원 솔루션 제시를 통한 문제 해결 제안
*Proposal of **win-win solution***

주1) 상당한

주2) 불가피한

주3) 상쇄하다

Dear Mr. John Malkovich,

Reference is made to the letter addressed to Naval Air Group dated April 1, 2020 and our subsequent correspondences for the subject.

First of all, we would express our sincere appreciation of your kind cooperation as always.

We duly received the final decision on the Line-up Light issue re-positioning to the two (2) 45 degrees (DIAGONAL) on Heli. Landing Mark Reference Light by Naval Air Group (refer to the attachment #1). However, we would like to clarify that the above modification would be *substantial* [1] change in terms of ship's design compared to our original arrangements (Rev.000 or Rev.100) and for which Builder's additional cost impact is *unavoidable* [2].

As we explained in our previous reply, we are still very confident that the safe landing condition can be secured under the current arrangement (Rev.100), but we are willing to respect Owner's decision resulting from lengthy discussions among the expert group.

Meanwhile, as an amicable solution on our cost impact, we would like to *offset* [3] the relevant cost by way of deleting both forward and after extended lights which we believe to be a win-win proposal. For the sake of clarity, the extended lights are only applicable for previous design concept with straight line-up light (Rev.000 or Rev.100) but will not align with the arrangement of 45 degrees reference lights (refer to the attachment #2). Furthermore, there would be no proper space to install the extended lights on the ship either.

Upon receiving confirmation on our above proposal, we will immediately proceed the modification and relevant Building Specification will be duly amended.

Best regards,

B. K. Kang

본문 해석

존 말코비치 씨에게,

본 서신은 표제에 대한 2020년 4월 1일자 Naval Air Group에 보낸 서신 및 연관된 교신들에 관련한 것입니다.

우선 평소의 친절한 협조에 감사드립니다.

우리는 Naval Air Group의 결정에 따라 헬기 착륙 보조 조명을 2개의 45도 각도로 위치를 조정해 달라는 최종 요청사항을 접수하였습니다 (첨부 #1 참조). 그러나, 요청사항 수정작업은 원래의 배치(Rev. 000과 Rev. 001)에 비하여 선박의 설계 관점에서는 건조자의 추가적인 비용 발생이 불가피한 중대한 변경임을 밝힙니다.

이전의 회신에서 설명했던 것처럼, 현재의 배치(Rev.100)로도 안전 착륙을 위한 조건이 충분이 확보된다는 데 여전히 강한 확신을 갖고 있습니다만, 귀하의 전문가그룹 간 오랜 검토를 거친 선주측의 결정을 기꺼이 존중하고자 합니다.

한편, 우리의 비용 부담에 대한 원만한 해결책의 일환으로, 전후방 확장 조명등 설치를 제거하는 방식으로 해당 비용을 상쇄하는 윈윈 제안을 제시하고자 합니다. 이해를 돕기 위해, 해당 확장 조명은 이전의 직선 기준의 디자인 컨셉(Rev.000 및 Rev.100)에서만 가능하며, 45도 각도의 참조 조명등 배치와는 부합되지 않습니다(첨부 #2 참조). 더구나, 확장 조명등을 설치할 수 있는 적정한 공간도 없는 상황입니다.

상기 당사의 제안에 대한 확답을 받는대로, 수정작업을 즉시 착수 예정이며 관련된 사양은 수정하겠습니다.

강보경 드림

Case 06 전화 회의를 통한 업무 협의 제안
*Proposal of **conference call***

Dear Mr. Boy George,

Enclosed ¹⁾ please find our letter for the subject.

You will note it includes 12 comments that will need to be adequately addressed prior to agreement. We fully understand the *criticality* ²⁾ of these issues, to yourselves, to the Owners and to Class.

It is in both Builder's and our Class's best interest to work together to bring these issues to closure as *expeditiously* ³⁾ as possible. *To this end* ⁴⁾, I am suggesting in this letter we meet in Ulsan next week or another convenient time to discuss these issues and plan a path forward.

If you have any questions, please do not hesitate to contact me.

Best regards,

B. K. Kang

주1) 첨부한 바와 같이

주2) 심각성, 중요성

주3) 신속하게

주4) 이러한 목적을 달성하기 위해서

본문 해석

보이 조지 씨에게,

표제와 관련한 첨부 저희 레터를 참조하시기 바랍니다.

합의를 하기 전에 적절히 검토되어야 할 12개의 코멘트가 포함되어 있습니다. 우리는 저희나 선주, 선급에 있어 이 이슈들이 얼마나 중요한지 잘 알고 있습니다.

저희나 선급 모두가 최대한 신속하게 동 건을 종결하기 위해 최선의 협조를 다해야 할 것입니다. 이러한 목적을 달성하기 위하여, 동 레터를 통해 다음 주 혹은 다른 편한 시간에 울산에서 미팅을 갖고 향후 방안을 모색할 것을 제안합니다.

다른 궁금한 사항이 있다면 주저 말고 연락 주시기 바랍니다.

강보경 드림

4. 항의 *Complaint / Protest*

Case 01 **불합리한 태도**에 대한 항의
*Complaint of **unreasonable attitude***

Dear Mr. George Clooney,

Thank you for your kind cooperation *rendered* [1] to our shipyard as always.

Reference is made to the outstanding comment made by Mr. James Bond of your good Class for the subject.

For your quick understanding, let me summarize the situation briefly. The equipment has been duly installed inside of engine room in accordance with recommendation of relevant rules & regulations which is standard for all LNG carriers. However, we are requested to move it outside area of engine room by the comment from your Class.

Notwithstanding the above, for the sake of amicable and quick settlement, we proceeded to have approval by Local Approval Center of your Class *as per* [2] Mr. Bond's request. However, it is still pending as Mr. Bond is not in a position to close his comment.

Under the above circumstances, you are kindly requested to *intervene* [3] in this issue and expedite to finalize it *soonest possible* [4].

Your positive action on the above would be appreciated.

Best regards,

B. K. Kang

주1) (협조 등을) 베풀어 준

주2) ~에 따라

주3) 개입하다

주4) 가능한 빨리

본문 해석

조지 클루니 씨에게,

당 조선소에 대한 귀 선급의 협조에 감사드립니다.
본 서신은 귀 선급의 제임스 본드씨가 발행한 미결 코멘트와 관련한 사항입니다.

신속한 이해를 위해, 현 상황을 간략히 요약해 드리겠습니다. 해당 장비는 모든 LNG운반선의 표준사항대로 관련 룰에서 추천하는 바에 따라 엔진룸 안에 설치되었습니다. 그러나, 귀 선급의 코멘트에 따라 엔진룸 밖으로 이동할 것을 요청받았습니다.

위 상황에도 불구하고, 원만한 합의를 위해, 본드씨 요청에 따라 귀 선급의 지역승인센터에 동 건의 승인을 진행하였습니다. 그러나, 여전히 본드씨는 코멘트를 종결하지 않으려는 입장입니다.
이러한 상황인 바, 귀하가 동 이슈에 개입하여 최대한 빨리 종결 지을 수 있게 독려 바랍니다.

귀하의 긍정적인 조치를 부탁드립니다.
강보경 드림

Case 02 업체의 **심각한 기술 이슈**에 대한 이의 제기
*Complaint of **serious technical issue** caused by the Maker*

Dear Mr. Jim Rogers,

Reference is made to the issue of the pump provided by your company for the subject vessel.

First of all, we would like to *convey* [1] our deep regret that the on-board test of the pump has failed despite all troubled parts being duly replaced by your certified engineers. And therefore, we, as a responsible Builder, are in a very difficult position on the vessel's delivery.

As I trust you are aware [2], this issue was raised on the subject vessel two years ago and since then we have been requested to replace the troubled pump with a new full-set one by the shipowner. But as per your guidance, we *have been responding with* shipowner *to* [3] maintain the current pump replacing damaged parts only.

However now we have lost our face to the shipowner due to totally unexpected on-board test result. Furthermore, we have lost our confidence in your product and *as a result* [4] we are currently under intense pressure from the shipowner.

Under the above circumstances, we had no choice but to provide our commitment to shipowner to replace the troubled pump with new one, otherwise the delivery of the subject vessel would not be guaranteed which is a more serious impact on all relevant parties.

In this regard, we expect to have responsible feedback from you on the shipowner's requests as follows.
- To replace troubled pump with new one
- To advise the estimated lead-time of the new pump
- To provide extended warranty on the new pump

In the meantime, we appreciate your prompt actions rendered to us for recent repairing work of troubled pump and we would like you to keep focusing on reviving it to normal condition *which we believe to be* [5] the very first step to solve this critical issue.

Looking forward to your prompt and responsible reply on the above *by return* [6].

Best regards,
B. K. Kang

주1) (감사, 유감 등을) 전하다

주2) 주지하는 바와 같이

주3) ~와 to하는 것으로 대응하다

주4) 그 결과로

주5) (앞에서 언급한 내용이) ~라고 믿다

주6) 받는 즉시 회신을 달라고 할 때 사용

본문 해석

짐 로저스 씨에게,

본 서신은 표제 선박에 공급한 귀 사 펌프 이슈와 관련한 사항입니다.

우선, 귀사의 공인된 기술자에 의해 정상적으로 모든 문제가 되는 부품을 교체하였음에도 불구하고 본선에서 실시한 펌프 테스트가 실패한 것에 대해 깊은 유감을 표명합니다. 그 결과, 책임을 져야 할 건조자로서, 선박 인도에 있어 매우 어려운 입장에 놓이게 되었습니다.

주지하는 바와 같이, 본 이슈는 2년 전에 제기되었으며 그 때부터 선주사로부터 문제의 펌프를 완전한 신품으로 교체해 줄 것을 요청받아 왔습니다. 그러나 귀사의 안내에 따라, 우리는 선주사에 손상된 부품만 교체하고 현재의 펌프는 유지하는 것으로 대응해 왔습니다.

상기와 달리, 완전히 예상치 못한 본 선 테스트 결과로 인해 선주측에 완전히 체면을 잃게 되었습니다. 더구나, 우리도 귀사 제품에 대해 확신을 하지 못하게 되었고, 그 결과 선주사로부터 극심한 압박에 시달리고 있습니다.

이런 상황 하에서, 우리는 어쩔 수 없이 선주측에 새 펌프로 교체해 주겠다는 약속을 할 수 밖에 없었으며, 그렇지 않으면 본 선의 인도를 보장할 수 없게 되고 이는 모든 관계자에게 더욱 심각한 충격이 될 것입니다.

따라서, 하기 선주사의 요청에 대한 귀사의 책임있는 회신을 기대합니다.
- 문제의 펌프를 새 제품으로 교체
- 새 펌프의 예상 제작기간
- 새 펌프에 보증기간 연장

한편, 최근 펌프 수리 작업 시 보여준 신속한 조치에 감사드리며, 해당 펌프를 정상적으로 상태로 복구하는 노력을 계속해 줄 것을 요구하며, 이는 이 심각한 이슈를 해결하는 첫 걸음이 될 것입니다.

귀하의 신속하고 책임있는 회신을 즉시 기대합니다.

강보경 드림

5. 사과 *Apology*

 Case 01 조치 지연에 대한 사과

*Apology for **delayed reaction***

Dear Mr. John Lennon,

First of all, we would like to convey our deep regret that the issue under your claim letter could not be resolved within your expected time period in spite of the criticality of the same to your vessel's operation.

After my immediate investigation, I found that there were some miscommunications and *'red-tape'* [1] rigid procedures required by the Maker in order for us to move ahead to *address* [2] the issue.

However, after some lengthy discussion *among parties concerned* [3], we are now able to carry out the repair work to make the equipment back to normal condition by arranging one service engineer from the Maker and necessary spare part available on the vessel while she is at the Terminal tonight and tomorrow morning.

Regarding the request by the Builder for the issuance of P.O. against the guarantee claim, we would say that it was on *expedient* [4] way to tackle the bureaucratic requirement set up by the Maker, which was not really understandable *at our end* [5].

We fully appreciate the Buyer's cooperation of issuing the same which eventually eliminated many unnecessary time-consuming processes which otherwise should have been taken by us to mobilize the Maker's engineer. As already confirmed, we undertake to hold the Buyer harmless commercially and technically for issuing the P.O. for this case.

Once again, we express our apology for causing you concerns and inconveniences on this issue.

Best regards,

B. K. Kang

주1) '행정편의주의'를 뜻하는 관용어

주2) (이슈 등을) 다루다

주3) 관계자들 간에

주4) 편리한, 방편

주5) 저희 측에서 ↔ at your end

본문 해석

존 레논 씨에게,

우선, 귀하의 클레임 레터 상에 언급한 본 이슈가 귀 선박 운항에 있어 매우 심각한데도 불구하고 기대한 일정 내에 해결되지 못한 데 대해 진심으로 우려를 표명합니다.

즉시 조사해 본 바, 본 이슈를 해결하는 있어서 의사소통 상의 문제와 행정편의주의 그리고 업체 측에서 요구하는 엄격한 절차들이 있었다는 사실을 알게 되었습니다.

하지만, 유관 기관들과의 긴 협의 끝에, 선박이 오늘밤과 내일 아침 터미널에 계류하는 동안 업체의 서비스 엔지니어와 가용한 수리 부품을 조치함으로써 이제 곧 수리하여 장비를 정상적으로 가동할 수 있을 것입니다.

조선소 측에서 보증 클레임에 대해서 P.O.를 발행토록 했던 요구는, 저희 조차 이해할 수 없는, 업체의 관료적인 요구사항에 대항하는 유연한 방편의 일환이었다고 말할 수 있겠습니다.

귀하가 해당 P.O. 발행에 협조해 주신데 대해 깊은 감사를 드리며, 이는 수많은 불필요한 시간 소모성 절차를 제거하는데 도움이 될 것이며 그렇지 않았다면 업체 엔지니어를 파견할 수 없었을 것입니다. 이미 확약해 드린 바와 같이, 이 건에 대해 발행한 해당 P.O. 건에 대해서는 선주측에 전혀 금전적이거나 기술적인 해가 없도록 할 것입니다.

다시 한 번, 이 건으로 불편을 끼쳐드린데 대해 깊은 사과를 드립니다.

강보경 드림

🧑‍💻Tip 흔히 하는 영작문 실수들

everyday와 every day의 차이

잘못된 표현
: I go to school **everyday**.

올바른 표현
: I go to school **every day**.

※ everyday는 명사를 꾸미는 형용사로서 '매일같이 하는'이라는 뜻이고, 부사로서 '매일'이라고 할 때는 every day로 표현해야 한다.

내가 경험한 선주사 이야기 5

필리핀 해군

보라카이와 세부 섬으로 우리에게 너무나도 친숙한 나라이자, 6·25 전쟁 참전국가 중 하나이며, 개인적으로는 27살 첫 배낭여행의 좋은 추억을 간직한 나라, 필리핀. 그래서인지 특수선사업부로 전임해 와 필리핀 호위함 프로젝트 매니저를 맡아 필리핀 해군과의 인연을 맺게 된 건 어쩌면 정해진 운명이라는 생각도 든다.

필리핀 호위함 프로젝트는 한국과 미국에서 퇴역한 군함을 무상으로 양도받아 함대를 운영해 오던 필리핀에서 '군 현대화 사업'의 일환으로 첫 신조 군함을 당사에 발주한 국가적 차원의 대형 프로젝트다. 필리핀 해군은 2020년 5월에 국제 관함식 행사를 주최할 예정이었고, 이 행사에 본 호위함을 전시함으로써 홍보 효과를 극대화하려는 취지에서 계약납기보다 5개월이나 빠른 조기 인도를 지속적으로 요청해 왔고, 이에 부응하여 효율적인 공정 운영과 추가적인 인력 투입으로 성공적으로 일정 내 완공할 수가 있었다.

그러나 예상치 못한 코로나 바이러스의 창궐로 관함식 행사가 무기한 연기되면서 조기 인도의 명분이 없어진 상황이 발생했다. 회사로선 선주 요구에 맞추기 위해 시간과 비용을 들여 애써 노력한 보람도 없어지게 되었을 뿐만 아니라 계약 납기까지 상당한 추가 비용을 들여 선박을 보관해야 하는 어려움에 처하게 된 것이다. 이 때 불현듯 떠오른 아이디어가, **선박에 마스크와 손소독제 등 코로나 관련 구호물자를 싣고 가는 조건으로 필리핀 현지에서 인수평가를 실시하도록 제안**해 보자는 거였고, 이것이 받아들여져 코로나의 위기를 무릅쓰고 선박 인도를 적기에 추진할 수 있게 되었다. 선박의 함명인 호세 리잘(Jose Rizal)이 과거에 필리핀을 위기 상황에서 구한 국민영웅의 이름이었기에, **'코로나로 어려움에 처한 나라를 호세 리잘 함이 구호물자를 싣고 구원한다'**는 정서적 차원의 공감대와 명분을 제공했던 것이다.

당시 이 이벤트는 국내 언론에도 '6·25 참전국 필리핀에 보은 마스크 싣고 인도 출항' 등의 제목으로 거창하게 보도되었지만, 그 이면에 필리핀 현지에서 인수평가를 진행하기 위해 40여 명의 당사 및 협력업체 직원들이 필리핀에서 14일 간 격리됨은 물론, 귀국 후에 다시 14일 간 격리되는 등 상당한 희생을 감내해야 했다. 프로젝트 책임자로서 현지 인수평가단 총지휘를 맡았던 나는, 비록 인수평가가 끝난 후에도 잔여 행정 처리를 위해 몇 주를 더 체류해야 했지만, **역발상의 지혜와 단합된 팀웍의 발휘로 코로나의 위기를 슬기롭게 극복한 성공 사례**라는 소중한 보람과 성취감을 경험할 수 있었다.

프로젝트를 수행하며 필리핀 감독들과 오랫동안 교감해 오면서 그들이 대체로 순박하고 정이 많다는 것을 알게 되었으며, 반면에 **본인이 무시당했다고 생각하면 이를 결코 용납하지 못하는 성향**이기 때문에 불필요한 오해를 사지 않도록 언행에 각별한 신경을 써야 한다는 중요한 교훈도 경험을 통해 배울 수 있었다.

불상과 도플갱어 수준으로 닮은 로블레스 소령

Case 02 심각한 기술이슈 발생에 대한 **경영층 사과**
Apology of managment for serious technical issue

주1) 약속, 확약

주2) 사상자, 피해(자)

Dear Mr. Alain Delon,

I believe that you have already received our full *commitment* [1] to take care of the technical issue which occurred on your vessel.

It is my deep regret to hear that the serious technical issue was found on the delivered vessel. This is indeed very awkward situation which I have never experienced throughout our company history as a responsible shipyard. I assume that you have severely suffered and been disappointed from such *casualties* [2] for which I sincerely apologize.

I already instructed our people to expedite every possible countermeasure to minimize the impact on your company. I promise that I also will pay keen attention to have our people do their job properly in a professional manner.

Meanwhile, I have learned that a root cause analysis will come out shortly, which I believe will help solve the problem effectively and permanently.

Once again, promising my personal attention on this important issue, I apologize most sincerely to you, as a long-term client, for the present unforeseen situation.

Sincerely yours,
B. K. Kang

본문 해석

알랑 드롱 씨에게,

귀 선박에서 발생한 기술적인 문제를 챙기겠다는 저희의 전적인 약속을 이미 받으셨으리라 생각합니다.

기 인도된 선박에서 심각한 이슈가 발생했다는 소식을 접하게 되어 진심으로 유감입니다. 이번 건은 책임있는 조선소로서 회사의 오랜 역사상 한 번도 경험해 보지 못한 정말이지 특이한 사례입니다. 짐작컨대, 이번 사태로 인해 상당히 고통스럽고 실망하셨을 것이기에 진심으로 사과 드립니다.

이미 저희 직원에게 귀 사의 피해를 최소화할 수 있는 모든 방법을 찾도록 지시를 했습니다. 약속하건대, 전문적인 방식으로 적절하게 작업이 진행될 수 있도록 철저히 살펴보겠습니다.

한편, 원인분석 보고서가 곧 나올 것이라 들은 바, 이 문제를 효과적이고 영구적으로 해결할 수 있는 실마리를 찾을 수 있으리라 믿습니다.

다시 한 번, 이번 중대한 이슈에 대해 개인적인 관심을 갖고 챙겨볼 것을 약속드리며, 현재의 예기치 못한 상황에 대해 오랜 고객이신 귀하에게 심심한 사과 말씀을 드립니다.

회장 Big Boss 드림

6. 수정계약 *Modification(extra/credit)*

Case 01 추정 금액 제시
*Notification of **estimated amount** of extra/credit*

주1) '전화 통화한 사항과 관련하여', 통화한 내용에 대해 이메일을 추가로 보낼 때 유용하게 사용

주2) 암시. 추정

Dear Mr. Ritchie Valens,

Further to the phone conversation with you [1] today for the subject, we would like to advise of our position as follows.

First of all, we would like to clarify that it is not possible for us to provide the estimated cost and schedule for the modification at the moment. For your understanding, the requested information can only be calculated under proper evaluation on the vessel's construction stage, but unfortunately it is too late construction stage for the Vessel to consider the mentioned modification, and therefore, it is not easy to evaluate the relevant cost and schedule.

However, for the sake of providing reasonable *indication* [2] to the Buyer as a 'reference only', we would like to advise you that the estimate cost and schedule of the modification would be 'around half' than our original proposal considering its work scope.

Your kind understanding on the above would be appreciated.

Best regards,

B. K. Kang

본문 해석

리치 발렌스 씨에게,

표제의 건과 관련하여 오늘 전화로 나눈 대화와 관련하여, 저희 입장을 아래와 같이 알려 드립니다.

우선, 현재로선 해당 수정 작업의 추정 비용이나 일정을 제공할 수 없음을 분명히 합니다. 이해를 돕기 위해, 요청한 정보는 선박의 건조 단계에 대한 적절한 평가를 토대로 계산 되어야만 하는데, 안타깝게도 그러한 수정작업을 검토하기에는 너무 늦은 건조 공정에 와 있기 때문에 해당 비용과 일정을 평가할 수가 없습니다.

그렇지만, 참조에 한해 합리적인 암시를 제공하는 차원에서 수정작업의 추정 비용과 소요일정을 원래 제안한 작업 범위 대비 약 절반 정도라고 보시면 되겠습니다.

강보경 드림

Case 02 선주의 no-extra 요청에 대한 거절

*Rejection of the Buyer's request of **no-extra***

Dear Mr. Elvis Presley,

With reference to the subject, we would like to reply as follows.

As you are fully aware, we have investigated the possibility of accommodating your request for the subject issue, but unfortunately we found that there are no *feasible* [1] solutions at the moment considering the significant impact on ship's delivery caused by the modification *apart from* [2] the huge direct modification cost amounting to more than USD 500,000.

For your understanding, your proposed 'option 3' mentioned in your email below might be solution for the issue from the technical point of view, however, it is *impracticable* [3] for us to consider as the modification work will delay the vessel's delivery by approximately four (4) months.

Under the above circumstances, it is our regret to inform you that we are not in a position to accommodate your suggestions.

In the meantime, we will arrange separate meeting with the Maker soonest possible so as to find any other possible alternatives.

Your kind understanding on the above would be appreciated.

Best regards,
B. K. Kang

주1) (실현) 가능한

주2) ~는 논외로 하더라도

주3) 실행하기 어려운, 실행이 거의 불가능한

본문 해석

엘비스 프레슬리 씨에게,

표제의 건과 관련하여 다음과 같이 회신 드립니다.

주지하시는 바와 같이, 표제의 요청 건을 수용할 수 있는 모든 가능성을 조사해 보았으나 안타깝게도 50만불 이상 소요되는 막대한 직접 비용은 논외로 하더라도 동 수정작업이 선박의 인도에 미칠 엄청난 영향성을 고려할 때 현재로선 실현가능한 대안이 없음을 알게 되었습니다.

이해를 돕기 위해, 귀하의 이메일에서 언급한 세 번째 옵션이 기술적 관점에서는 대안이 될 수도 있겠지만, 해당 수정작업이 약 4개월 정도 인도를 지연시킨다는 사실을 고려할 때 저희로서는 실행이 불가능합니다.

이런 상황이다 보니, 귀하의 제안을 수용할 입장이 아님을 안타깝게 생각합니다.
한편, 다른 가능한 대안이 있는지 찾아보기 위한 업체와 별도 미팅을 빠른 시간내 주선하도록 하겠습니다.
귀하의 양해를 부탁드립니다.

강보경 드림

Case 03 선주의 **금액 인하 요청**에 대한 수락
*Acceptance of the Buyer's request of **discount***

주1) '제안이 만족스럽기를 바란다'는 통상적인 표현

Dear Mr. Louis Armstrong,

Further to our revised proposal by our Design department, we would like to advise you of our position as follows.

As we explained already, the modification of the equipment is not as minor work as the Buyer believes since such work requires high skilled welders as well as special care for each step of work such as pretreatment, special welding etc. learned from our previous experience on another project.

However, for the sake of prompt application of the modification in an amicable way, we would like to advise of our revised proposal of USD 1,800 per ship by way of further absorbing a certain amount of cost.

We hope that our final *proposal* on the above *is satisfactory to you* [1] as it is from our special consideration of your kind cooperation on the project so far.

For the sake of good order, your kind acknowledgement on the above would be appreciated.

Best regards,
B. K. Kang

본문 해석

루이 암스트롱 씨에게,

저희 설계실의 수정 제안과 관련하여, 저희 입장을 다음과 같이 알려 드립니다.

이미 설명드린 바와 같이, 해당 장비의 수정작업은 선주사가 생각하는 것처럼 간단한 작업이 아님을 알려드립니다. 왜냐하면, 다른 프로젝트의 이전 경험에 비추어 볼 때, 고숙련 용접자는 물론 전처리나 특수용접 등에 있어서 각별한 주의가 요구되는 작업이기 때문입니다.

하지만, 원만한 방법으로 해당 수정작업을 신속하게 적용하기 위해, 일정 비용을 당사가 추가로 부담하는 방식으로 척당 1,800불의 수정 제안을 드리고자 합니다.

상기 저희의 최종 제안이, 지금까지 프로젝트 수행에 있어 보여준 적극적 협조에 대한 특별한 배려에서 비롯한 것인만큼 만족하기를 바랍니다.

원활한 진행을 위해, 상기에 대한 확약을 해 주시면 감사하겠습니다.

강보경 드림

7. 수금관리 *Payment*

Case 01 납부일자 통보
Notice of due date

Dear Mr. Robin Hood,

In accordance with the article X-1-(a) of the Shipbuilding Contract, we would like to inform you that the first block of keel for the subject vessel is scheduled to be laid on June 25, 2020.

In this regard, you are kindly requested to remit the fourth installment amounting to USD 20,000,000 to the account (Account No. : 1234-5678) of the Export-Import Bank of Korea (KOEXIM, Swift Code : EXIKKRSEXXX) with JP Morgan Chase Bank, N.A., New York Plaza, NY 10004, U.S.A. (Account No. : 4567-8910, Swift Code : CHASUS33) *in favor of* [1] Happy Heavy Industries Co., Ltd. On Jun 28, 2020 as stipulated in the Article X-1-(a) of the Shipbuilding Contract.

Simultaneously with the payment on the above date, please arrange your remitting bank to send payment instruction by *authenticated* [2] bank message (MT103 type) to the KOEXIM and e-mail us the message for our reference.

Please acknowledge the safe receipt of this notice.

Best regards,

B. K. Kang

주1) ~를 (돈을 지급받는 최종) 수취인으로 해서

주2) 원본의

본문 해석

로빈 후드 씨에게,

선박 건조계약서 X-1-(a) 항에 따라, 첫 킬 블록의 기공이 2020년 6월 25일에 실시될 예정임을 알려 드립니다.

이와 관련, 귀하는 선박 건조계약서 X-1-(a) 항에 근거하여 4차 중도금 2천만불을 미국 뉴욕주 뉴욕 프라자 1000번지 소재 JP Morgan 은행 연계 계좌 (계좌번호 : 4567-8910, Swift Code : CHASUS33) 인 수출입은행 계좌 (계좌번호: 1234-5678)로 Happy 중공업을 수취인으로 해서 송금하여 주시기 바랍니다.

상기 날짜에 지불함과 동시에, 귀하의 송금은행 측에 송금 전문(MT103) 원본을 수출입은행 측에 보내도록 조치하여 주시고, 저희에게도 참고로 해당 전문을 메일로 발송해 주시기 바랍니다.

본 통보에 대한 수취 확인을 부탁드립니다.
강보경 드림

| Case 02 | **납부 지연**에 대한 독촉 |

*Reminder notice for **payment delay***

Dear Ms. Tilda Swinton,

Reference is made to the 2nd and 3rd installments for the subject vessels which are *overdue* [1].

As you are aware, the payment dates of the subject installments have been duly adjusted to December 10, 2020 in terms of supporting the Buyer's financial arrangement. But unfortunately, the payment has not been made yet due to unexpected delay of the Buyer's internal financial process with the Bank which is not a condition for installment payment under the terms of Shipbuilding Contract or separate agreement between the parties.

While we are willing to assist the Buyer's process for their prompt payment of installments, we would like to highlight that the above delay is creating *substantial* [2] problems for planned cashflow of our company.

Given the above situation [3], we would like to request your kind cooperation to complete the payment of subject installments *without further delay* [4] hopefully within this week.

For the sake of good order, please advise us of the expected payment date so that we can issue a revised invoice together with relevant interest as agreed.

We look forward to your prompt and positive response by return.

Best regards,

B. K. Kang

주1) 납부기한이 지난

주2) 상당한

주3) (상기의, 주어진) 상황 하에서

주4) 더 이상의 지체없이

본문 해석

틸다 스윈튼 씨에게,

본 서신은 납부기한이 지난 표제 선박의 2, 3차 중도금에 관한 사항입니다.

주지하시는 바와 같이, 표제 중동의 납부일자는 선주 측의 금융 준비를 지원하는 차원에서 이미 2020년 12월 10일로 조정해 드린 바 있습니다. 그러나, 선박 건조계약이나 양사 간의 별도 합의와 전혀 관계가 없는 예상치 못한 은행 측의 내부 절차로 인해 아직 납부가 되지 않았습니다.
선주 측의 신속한 중도금 납부를 위한 절차를 지원하겠지만, 상기 지연이 당사의 자금수지 계획에 심각한 문제를 야기하고 있다는 사실을 강조드립니다.

상기 상황 하에서, 표제 중도금을 더 이상 추가적인 지체없이, 가급적 금주 중으로, 완납될 수 있도록 협조해 주실 것을 요청드립니다.

원활한 업무를 위해, 예상 납부 일자를 알려 주시면 합의한 이자를 반영한 수정 인보이스를 발급해 드리겠습니다.

귀하의 신속하고 긍정적인 즉시 회신을 기대합니다.

강보경 드림

Tip 흔히 하는 영작문 실수들

Konglish인 줄 모르고 사용하는 Konglish 1

잘못된 표현
: after service

올바른 표현
: warranty service

8. 기타 *Other Cases*

Case 01   추천의 글
Recommendation *for position*

Dear Mr. Adam Levine,

I hope you are doing well [1].

I am writing this email to [2] recommend to you a potential inspector for your *good* [3] project.

For your information, he is going to be retired from our department end of June under early retirement program of our company. I believe that he would be a good candidate as inspector for your upcoming newbuilding project as he has *abundant* [4] experience as not only a project manager for several projects but also as quality manager for a long time.

In this regard, it would be highly appreciated if you can kindly put his name on your list for consideration.

For your quick reference, please find his *CV* [5] as attached.

Best regards,

B. K. Kang

주1) 알고 지내는 사이인데 모처럼 연락을 하게 되었을 때 통상 사용하는 표현. well 대신 fine도 자주 사용함.

주2) 메일을 쓰는 목적을 분명히 밝힐 때 사용하는 통상적인 표현

주3) 귀 프로젝트, 귀 사 등으로 표현할 때, '귀'에 해당하는 표현

주4) (경험 등이) 풍부한

주5) 라틴어 Curriculum Vitae의 약자로 영문이력서를 뜻함

본문 해석

애덤 리바인 씨에게,

잘 지내시죠?

귀 프로젝트에 잠재적인 감독 후보를 한 명 추천해 드리기 위해 이 메일을 씁니다.

참고로, 그는 당사의 조기 퇴직 프로그램의 일환으로 6월에 당 부서에서 퇴직할 예정입니다. 재 생각엔 그가 여러 프로젝트에서 프로젝트 매너저를 수행했을 뿐만 아니라 오랫동안 품질관리자로서도 풍부한 경험을 갖추고 있어 곧 시작될 귀사의 선박 건조 프로젝트 감독 후보로 적임자라 생각합니다.

이런 차원에서, 향후 고려를 위해 그의 이름도 리스트에 추가해 주신다면 정말 감사하겠습니다.
참고를 위해, 그의 영문 이력서를 첨부합니다.

강보경 드림

주1) 입금이 되다(선급에 등록되다)

주2) ~하는데 기여하다

Dear Mr. Richard Gere,

I am very happy to hear that the new ABC LNGC project with our Hull No. 1234 is *to be classified with* [1] your good Class.

Regarding the assignment of the project manager of your Class for the above project, we would like to request Mr. Tom Cruise.

For your information, he was highly recommended by several personnel in our Design department and our Contract Management Department that he has *dedicated to* [2] finalize many critical issues in a professional and amicable way on previous projects.

Your kind consideration on the above would be highly appreciated.

Best regards,

B. K. Kang

본문 해석

리차드 기어 씨에게,

당사 선번 1234호선인 ABC LNG운반선이 귀 선급에 입급되었다는 소식을 들어 정말 기쁩니다.

상기 프로젝트를 위한 귀 선급의 프로젝트 매니저 배정과 관련하여, 톰 크루즈씨를 강력 추천하고자 합니다.

참고로, 당사 설계실 및 저희 계약운영부 다수의 사람들로부터 그가 지난 프로젝트에서 많은 심각한 이슈를 프로답고 우호적으로 마무리 짓는데 기여했다는 좋은 피드백을 받았습니다.

상기를 고려해 주신다면 정말 감사하겠습니다.

강보경 드림

Case 02 초대의 글
Invitation

Dear all,

You are *cordially* [1] invited to the following event.

- **Date & time :** 25th June, 2020 (Sunday) 07:00 PM
- **Venue** : Ruby Hall of Happy Hotel, Ulsan

On the occasion of [2] Summer Festival arranged by the community of foreign supervisors in Ulsan. The commemorative speech is 'happy English learning for children' and the guest speaker is myself. I hope that my speech will provide them with meaningful *insight* [3] on the topic.

Please come and enjoy my speech or just delicious food *in a cheerful atmosphere* [4].

I look forward to seeing you there and would request your availability by return.

Best regards,

B. K. Kang

주1) 진심어린 마음으로. 초대장에 사용하는 통상적인 표현임.

주2) ~에 즈음하여

주3) 통찰력

주4) 흥겨운 분위기 하에서

본문 해석

수신인 일체,

귀하를 하기 행사에 초대하고자 합니다.

- **일시 :** 2020년 6월 25일 (일) 저녁 7시
- **장소 :** 울산 Happy 호텔, 루비 홀

울산 소재 외국인 감독관 모임에서 주관하는 여름 축제 행사에 즈음하여, 제가 기념 강연회의 강사로 초청받았으며, 강연회의 주제는 '자녀를 위한 행복한 영어교육'입니다. 제 강연이 해당 주제에 대한 의미 있는 통찰력을 제공할 것이라 믿습니다.

부담없이 오셔서 흥겨운 분위기 속에서 맛있는 음식과 제 강연을 즐기시면 좋겠습니다.

꼭 뵐 수 있기를 기대하며, 참석 여부를 알려 주세요.

강보경 드림

Case 03 퇴임 (전임) 인사
Farewell or Words of *Resignation*

Dear all,

After more than nine (9) memorable years with the Contract Management Department (CMD) of Shipbuilding Division, *the day has come for me to bid farewell* [1] to everyone as I transfer to the Naval & Special Ship Business Unit as of October 10, 2018.

Taking this opportunity [2], I would like to express my sincere gratitude for the kind cooperation and support that you have rendered to me through the years. Working in the CMD was the most wonderful experience and I will *cherish* [3] it to the rest of my life.

Though I am looking forward to starting a new phase in my career and *embracing* [4] new challenges, I will definitely miss all of you.

Please forgive me for any actions or words I have uttered, consciously or unconsciously, that may have caused hurt or ill feeling, if any, during my time in CMD [5].

Thank you very much again and I hope to keep in touch. I am sure that *our paths will cross again* [6] in the near future.

Best regards,
B. K. Kang

주1) '작별을 고할 때가 왔다'는 관용적인 표현

주2) 이 기회를 빌어

주3) 소중히 여기다

주4) 받아들이는, 맞이하는

주5) '그 동안 의도했든 안 했든 간에, 내가 한 모든 말과 행동으로 마음의 상처를 받았다면 용서 바란다'는 뜻의 송별문에 사용되는 통상적인 표현.

주6) 다시 만날 것이다

본문 해석

수신인 일동,

계약운영부에서의 9년 넘는 기억에 남을 시간을 보낸 후, 2018년 10월 부로 특수선사업부로의 전임을 계기로 여러분들과 작별을 고할 시간이 왔습니다.

이 자리를 빌어, 그 동안 저에게 베풀어준 친절한 협조와 지원에 진심으로 감사 드립니다. 개인적으로는, 계약운영부에서 일했던 것이 평생 소중하게 간직할 가장 멋진 경험이 될 것입니다.

비록 제 경력에 있어 새로운 장을 열게 되고 새로운 도전을 맞이하는 기대가 크지만, 여러분 모두가 정말 보고싶을 겁니다.

CMD에 있는 동안, 의도를 했든 안 했든, 제가 했던 모든 말과 행동으로 혹시라도 마음의 상처를 받으셨다면 부디 용서해 주시기 바랍니다.

다시 한 번 감사 드리며 계속 연락 하고 지내기를 바랍니다. 가까운 미래를 다시 만날 것이라 확신합니다.

강보경 드림

Case 04 성탄(새해) 인사
Season's greeting

My dearest friend,

Thank you very much for the warm and pleasant news with some beautiful photos. Time is really flying. Almost 7 years have already passed since you first visited our company with the newbuilding contract for Hull No. 1234. The photos you forwarded reminded me of many moments you and I shared over the last 7 years, which made me close my eyes with a silent smile.

As I told you previously, I am always looking forward to going back to Norway to visit again the places where I spent some of the happiest moments in my life. Although it is still unclear when I can make it, I think it will not be a long because I feel the time for my retirement from this company *is just around the corner* [1].

Anyhow, hoping to see you soon, I wish you and all of your family good health, a long life and a Merry Christmas.

Best regards,

B. K. Kang

주1) ~이 머지 않았다. Spring is just around the corner (봄이 머지 않았네요).

본문 해석

나의 오랜 친구에게,

멋진 사진들과 함께 전해준 따뜻하고 즐거운 소식 정말 고맙네. 시간도 참 빨리도 흘러가는군. 자네가 1234호선 건조 계약을 위해 우리 회사를 처음 방문한 지도 벌써 7년이 지났네. 자네가 준 사진들을 보니 지난 7년간 함께 했던 순간들이 떠올라 입가에 조용한 미소를 짓게 하네.

일전에 말했듯, 내 인생에 있어서 가장 행복한 시간을 보냈던 노르웨이로 돌아갈 날을 항상 고대하고 있다네. 비록 언제 가능할는지 여전히 알 수 없지만, 이 회사에서의 퇴직도 머지 않은 것 같기에 그리 오래 걸리지는 않을걸세.

아무튼, 곧 다시 볼 날을 기대하며, 자네와 자네 가족 모두 항상 건강하고 즐거운 성탄을 보내기를 바라네.

강보경 보냄

비즈니스 이메일 작성 TIP

비즈니스 이메일에는 기본적인 구성방식, 즉 '골격'이 있다. 이 골격을 잘 이해하고 여기에 맞게 쓰도록 노력하다 보면, 이메일 작성이 훨씬 더 쉽고 짜임새가 있다.

Dear Mr. Steven Spielberg,	① **인사말** (Greeting)
Reference is made to your email dated September 1, 2020 for the subject.	② **서론** (Opening)
First of all, it is our sincere regret to receive your reply which simply rejected our best proposal resulting from special consideration of your good project while we are struggling for survival under the worst shipbuilding market. Furthermore, as we highlighted, it has not been clarified with written evidence differently from your claim that it was already agreed with us.	③ **본론** (Main Body)
In this regard, please note that we are not in a position to accept your request of mentioned modification for all series vessels without extra cost as we have already absorbed considerable cost for Hull Nos. 1234/1235 in terms of mutual cooperation.	④ **결론** (Closing)
Given our current hardship, we would like to solicit your generous understanding and positive feedback once again. Best regards,	⑤ **결구** (Complementary Close)
B. K. Kang Project Manager Tel +82 52 123 4567 bradkang@hhi.co.kr	⑥ **연락처** (Contact Information)

① 서로 절친한 사이가 아닌 이상, 가급적 존칭과 함께 full name을 사용하는 것이 좋다.

② 이메일을 쓰는 목적을 써야 하기에 I am writing this email to ~ 라고 해도 되지만, 이메일의 제목에 주제를 언급한 후에 for the subject이란 말로 간접적으로 목적을 언급할 수 있다.

③ 본문에서는 장황한 내용 전개보다는 핵심 내용과 근거 등을 간결하게 작성하는 것이 좋다.

④ 앞서 설명한 본문 내용의 결론으로서 선주 측에 보낼 결정적 메시지(동의, 거절, 요청 등)을 밝힌다.

⑤ 그냥 단순 인사말로 마무리하는 것보다는 내용의 중요도에 따라 당부나 강조의 메시지를 추가하면 좋다.
Believing that it is win-win solution이라거나, I hope the above is satisfactory to you 등
1장의 이메일에서 소개된 다양한 표현들을 적극적으로 활용하기를 바란다.

⑥ 메일을 본 후 전화 연락을 하거나 우편물 등을 보내야 할 수도 있기에 발신자의 연락처 정보는 최대한 구체적으로 포함하면 좋다. 아웃룩의 경우 서명 파일로 설정해 두면 메일 작성시 자동으로 포함된다.

제 2 장

Formal Letter 작성하기

공식 레터에는 공식이 있다?

누군가 상(喪)을 당해서 근조화를 보낼 때, 통상적으로 '삼가 고인의 명복을 빕니다'라고 쓴다. 한 번이라도 이를 경험해 본 사람이라면 이 문구를 두고 고민할 여지가 별로 없겠지만, 처음 겪게 된다면 뭐라고 써야 할 지 몰라 꽤 난감해 할 수도 있다.

익숙한 우리 말도 이렇게 정해진 관례를 모르면 쉽지 않은 일인데, 만약 선주사 사장이 부친상을 당해 당사 사장님 명의로 위로 편지를 긴급하게 영어로 작성해야 한다면 눈앞이 캄캄할 것이다.

하지만 이런 **공식적인 레터에는 수학 공식과도 같이 정해진 Format이나 정형화된 문구들이 정해져 있어서 이것만 잘 숙지**하고 있다면, 간단한 logical change만으로 어렵지 않게 레터를 쓸 수가 있다. 가령 조문에 사용하는 '삼가 고인의 명복을 빕니다'와 유사한 표현으로, 레터의 말미에 'With deepest condolences,'라는 표현을 사용하는 식이다.

이번 장에서는 비즈니스 관계에서 사용되는 위로, 축하, 감사 등의 다양한 공식 레터를 사례별로 소개하고자 한다.

1. 감사/답례 *Courtesy Letter*

회사 방문에 대한 감사

3rd January 2020

Dear Mr. Tom Hardy,

It was my great honor to meet you at our shipyard last week and I would like to extend my gratitude for your kind consideration of our company as a reliable partner for the A project in your country.

The shared information about the project was very helpful to have a better understanding and in developing our insight regarding the prospect of business opportunities in your country, for which we are most grateful.

We **are committed to** [1] a close relationship between both nations, and hope that we can contribute to the expansion of the business ties with your country in the near future.

While cheering for the ambitious plan of B project, we **are open for** [2] discussions on any opportunity which may give us new motivation.

I wish you all the best in the New Year!

Sincerely yours,
Big Boss
Chairman of Happy Heavy Industries

주1) ~에 헌신하다. 공을 들이다

주2) ~에 대한 여지가 열려 있다.

본문 해석

톰 하디 씨에게,

지난 주 저희 야드에서 귀하를 만나 뵙게 되어 영광이었으며, 귀 국의 A 프로젝트에 대한 믿을 수 있는 파트너로서 당사를 고려해 주신 데 대해 깊은 감사를 드립니다.

프로젝트와 관련하여 공유해주신 정보들은 귀 국의 사업 기회에 대한 통찰력을 높이고 이해를 제고하는 데 있어 매우 도움이 될 것인 바, 진심으로 감사드립니다.

양국 간에 긴밀한 관계를 바탕으로, 앞으로 귀 국과 사업 협력관계를 더욱 확장할 수 있기를 바랍니다.

B 프로젝트의 야심찬 계획을 기대하는 한편, 새로운 동기부여가 될 기회가 있다면 협의할 여지가 있습니다.

희망찬 새해가 되시길 빌며,
Big Boss 드림
Happy 중공업 회장

프로젝트 완수에 대한 ABC 선급의 감사 레터

ABC

5th June 2020

Dear Mr. Big Boss,

With your recent delivery in Happy Heavy Industries Co., Ltd. of Hull No. 1234 as "Great Voyage", the completion of the six (6) ABC classed VLGC for Great shipping company have been achieved.

I am writing to express my most heartfelt thanks and gratitude, **on behalf of** [1] all of us at ABC, for the trust and confidence that you have provided during the entire newbuilding process from initial plan approval until delivery of this final vessel.

We are truly honored to be a partner with the Happy Heavy Industries Co., Ltd. and you have my personal **assurance** [2] that as one of the **premier** [3] providers of marine classification services worldwide, you may continue to expect and receive the best service ABS has to offer.

Once again, I wish to thank you for your support of ABS and I look forward to meeting you again soon.

Yours Sincerely,
Alphabet Moller
CEO of ABC

주1) ~를 대표하여, ~를 대신하여

주2) 확신

주3) 최고의

본문 해석

빅 보스 귀하,

최근 귀 Happy 중공업 1234호선, 'Great Voyage'호의 인도로, Great 해운사가 저희 ABC 선급에 입급한 6척의 초대형 가스운반선 프로젝트가 모두 마무리되었습니다.

ABC 선급의 모든 직원을 대표하여, 도면승인부터 마지막 호선의 인도에 이르기까지 선박 건조 전 기간 동안 ABC 선급에 보여준 신뢰와 확신에 대하여 진심으로 감사와 고마움을 표합니다.

Happy 중공업과 파트너가 된 것을 진심으로 영광스럽게 생각하며, 세계 최고의 선급 서비스 제공업체로서, ABC 선급이 최고의 서비스를 계속해서 제공할 것임을 개인적으로 약속드립니다.

다시 한 번, ABC 선급에 대한 지원에 감사드리며, 가까운 시일 내 다시 만나뵙기를 기원합니다.

Alphabet Moller 드림
ABC선급 대표이사

ABC 선급의 감사 레터에 대한 답례

10th June 2020

Dear Mr. Alphabet Moller,

Thank you for your kind letter addressed to our chairman. He asked me to convey his personal regards to you with his sincere gratitude to ABC for the successful completion of VLGC project of Great Shipping company. ***Needless to say*** ¹⁾, it would not have been possible without the ***unsparing*** ²⁾ supports from ABC.

I am convinced that ³⁾ your good company is one of the most reliable partners to Happy Heavy Industries and hope that the established good relationship between our two companies will continue and ***be further strengthened*** ⁴⁾ ***in the coming years*** ⁵⁾.

Renewing ⁶⁾ my appreciation of your good cooperation, I wish you continuous success and good health.

Yours sincerely,

Second Boss
CEO of Happy Heavy Industries

주1) 말할 것도 없이

주2) 아낌없는

주3) that 이하를 확신하다

4) (관계 등이) 더욱 돈독해지다(강화되다)

5) 앞으로 (다가올 미래에). for many years to come으로도 많이 씀

6) 다시 한 번 강조하다

본문 해석

알파벳 몰러 씨에게,

귀하가 저희 회장님께 보낸 친절한 서신에 감사드리며, 회장님께서 저에게 개인적 안부와 함께 ABC 선급의 Great 해운사에 대한 6척의 초대형가스운반선 프로젝트의 성공적 마무리에 진심어린 감사를 전해 달라고 하셨습니다. 말할 것도 없이, ABC 선급의 아낌없는 지원이 없었더라면 불가능했을 일입니다.

귀 사는 Happy 중공업에 있어 가장 신뢰할 파트너임을 확신하며, 이런 양사 간의 좋은 관계가 앞으로 계속해서 더욱 돈독해지기를 희망합니다.

재삼 귀하의 적극적인 협조에 감사드리며, 귀하의 지속적인 성공과 건강을 기원합니다.

Second Boss 드림
Happy 중공업 대표이사

명명식 참석에 대한 감사

14th July 2020

Dear Mr. Ross Lynch,

I would like to express my sincere gratitude for sharing your valuable time with us during your visit to Korea and I trust that you had a safe return home.

We have enjoyed excellent **collaboration** [1] with your **esteemed company** [2] so far, and we hope for your continued support on the project.

I believe that [3] your stay in Korea **on the occasion of** [4] naming ceremony of your largest Container Vessel, 'So Huge' allowed both parties to come even closer and enhance mutual understanding.

I would also like to express my heartfelt gratitude to your wife as her gracious presence at the ceremony made it all the more meaningful.

Hoping for continuous development and prosperity for you and your company, I wish you all the best.

Sincerely yours,
Second Boss
CEO of Happy Heavy Industries

주1) 협력

주2) 귀 사. good company 보다 조금 더 격식을 차린 표현

주3) '~라고 믿습니다'라고 해석하기 보다는 '~라고 생각합니다'가 더 자연스러움

주4) ~에 즈음하여

본문 해석

로스 린치 씨에게,

금번 한국 방문 동안 저희에게 귀한 시간을 내어 주심에 다시 한 번 진심으로 감사드리며, 댁으로 무사히 잘 돌아가셨기를 바랍니다.

지금까지 귀 사와 훌륭한 협력 관계를 유지해 온 만큼, 프로젝트에 대해 지속적인 지원을 기대합니다.

귀 사의 초대형 컨테이너 운반선 'So Huge'호의 명명식에 즈음한 이번 한국 체류는 양사가 더욱 가까워지고 서로 간의 이해를 증진하게 했다고 생각합니다.

이 자리를 빌어, 부인에게도 진심으로 고마움을 전하며, 부인의 참석으로 행사가 더욱 의미 있었습니다.

귀하와 귀 사의 지속적인 발전과 번영을 기원하며 항상 좋은 일만 가득하길 빕니다.

Second Boss
Happy 중공업 대표이사

2. 축하 *Congratulatory Letter*

취임 축하

> ### *Amazing*
>
> 5th January 2020
>
> Dear Mr. New Boss,
>
> We would like to offer our sincere congratulations upon your appointment as President & CEO of Happy Heavy Industries. You have been chosen to ***take on*** 1) any important role. Your track record of success, your commitment, and your many skills make your selection a natural choice.
>
> You ***are taking up*** 2) your new position in difficult times. Our entire industry is currently ***faced with*** 3) overcoming some significant challenges. But we are sure that under your leadership, Happy Heavy Industries will continue to be a global leader in this industry sector. We are honored to have Happy Heavy Industries at our side.
>
> We wish you and your company all the best as well as continuing fortune and success.
>
> Yours sincerely,
>
> **No Wonder**
> Chairmam of Amazing Shipping

주1) ~자리(역할)를 맡다

주2) 위 1)과 유사한 뜻

주3) ~에 직면하다

본문 해석

뉴 보스 귀하,

Happy 중공업의 새 대표이사가 되심에 진심으로 축하를 전합니다. 중요한 자리를 맡으셨습니다. 귀하의 성공 신화와, 헌신, 그리고 업무능력들로 볼 때 당연한 선택이었다고 생각합니다.

어려운 시기에 새 자리를 맡으셨습니다. 전 산업이 현재 심각한 도전 극복에 직면해 있습니다. 하지만 귀하의 리더십으로 Happy 중공업은 이 산업 분야에서 세계적인 선도기업 지위를 이어갈 것입니다. Happy 중공업과 함께 일하게 되어 영광입니다.

귀하와 귀 사에 항상 행운이 함께하고 번영과 성공이 지속되길 기원합니다.

No Wonder 드림
Amazing Shipping 회장

취임 축하에 대한 감사

10th January 2020

Dear Mr. No Wonder,

Thank you for your warmest congratulations by your letter and **_please accept my apology for not being able to reply sooner_** [1].

I would like to express my deep appreciation for your unsparing support and **_patronage_** [2] you have rendered to Happy Heavy Industries. I **_have no doubt that_** [3] our long term and close business partnership since 1973 will continue for many years to come with mutual benefits regardless of the current economic conditions.

It is true that all the parties in the shipping and shipbuilding industries **_are suffering_** seriously **_from_** [4] the **_turmoil_** [5] of the world financial crises. However, as you mentioned in your letter, I believe the challenges may offer opportunities and motivations for us to develop the established business relationship between the two companies stronger **_than ever_** [6].

Wishing you and your company every success and prosperity in the coming new year, I look forward to seeing you in the near future.

Sincerely yours,
New Boss
President & CEO of Happy Heavy Industries

주1) 회신이 늦어졌을 때 쓰기 좋은 표현

주2) 후원

주3) that 이하에 대해 의심의 여지가 없다. 믿어 의심치 않다.

주4) ~로 고통받다

주5) 소용돌이, 혼란

주6) 그 어느 때 보다도

본문 해석

No Wonder 씨에게,

따뜻한 축하 레터에 감사드리며 회신을 더 일찍 드리지 못한 점 널리 양해 부탁드립니다.

귀하의 아낌없는 지원과 당사에 베풀어 주신 후원에 깊은 감사를 전합니다. 1973년도부터 시작된 우리의 오랜 사업 파트너십은 앞으로도 지속될 것이며, 현재의 경제 상황과 무관하게 상호 이익을 가져다 줄 것임을 믿어 의심치 않습니다.

전세계적인 금융 위기의 소용돌이 속에서 해운업과 조선업의 모든 관계자들이 고통을 받고 있는 것은 사실입니다. 하지만, 귀하가 편지에서 언급했듯이, 그런 도전들은 양사간의 관계를 어느 때 보다도 돈독히 하고 사업관계를 굳건히 발전시키는데 있어서 또다른 기회와 동기부여 될 거라 생각합니다. 다가오는 새해에 귀하와 귀사의 성공과 번영을 기원하며, 가까운 시일 내 다시 뵙기를 기대합니다.

New Boss
Happy 중공업 대표이사

선주사 임원의 결혼 축하

12th June 2020

Dear Mr. Woody Harrelson,

Congratulations and best wishes on your upcoming marriage!

I was very happy to hear from your site manager, Mr. Happy Man that you are taking such an important step in your life.

Your marriage is surely one of the most important decisions of your life and I believe **destined to be** ¹⁾ a **marvelous** ²⁾ and **transforming** ³⁾ experience.

May God abundantly bless you and your loved ones!

Looking forward to seeing you soon.

Yours faithfully,

Envious Boss
President & CEO of Happy Heavy Industries

주1) ~ 할 운명이다

주2) 놀라운

주3) 완전히 바뀌는

본문 해석

우디 해럴슨 씨에게,

곧 있을 결혼식을 진심으로 축하드리며 행운을 빕니다.

사이트 매니저 Mr. Happy Man으로부터 귀하의 삶에 있어 중요한 단계를 밟게 된다는 사실을 듣게 되어 정말 기뻤습니다.

귀하의 결혼은 인생에 있어 가장 중요한 결정 중 하나임이 분명하고 놀랍고도 삶 전체가 바뀌는 운명적인 경험일 것입니다.

귀하와 귀하의 부인이 될 사람에게 신의 가호가 함께 하길 기원하며,
곧 만날 수 있기를 빕니다.

Envious Boss 드림
Happy 중공업 대표이사

3. 조직 변경 *Organizational Reshuffle*

조직개편에 따른 이임사

HAPPY HEAVY INDUSTRIES

29th November 2020

Dear Mr. Donald Trump,

I am writing to inform you that I have been appointed as President & CEO of Wonderful Industries with effect from 1st December 2020.

Taking this opportunity, I would like to express my heartfelt thanks for the unsparing support and patronage you have rendered to me during my ***tenure*** [1] as the head of Shipbuilding Business of HHI since March 2017.

Mr. New Leader, President & COO of Happy Heavy Industries succeeds my position. He has a ***wealthy*** [2] experience in shipbuilding and will continue the ***amicable*** [3] relations with your good company. I would appreciate it if you kindly provide my successor, Mr. New Leader with the same support and cooperation you have given to me.

I would also hope that such precious relationship we have enjoyed will continue and extend to my new position in Wonderful Industries with your constant support and patronage.

Wishing you and your company every success and prosperity in the many years to come, I look forward to ***catching up with*** [4] you in my new position.

Sincerely yours,
Old Leader
President & COO of Happy Heavy Industries

주1) 재임기간

주2) 풍부한

주3) 우호적인

주4) '따라잡다'는 뜻에서, '다시 업무적으로 만나다'는 의미로 확대하여 사용됨

본문 해석

도널드 트럼프 씨에게,
제가 2020년 12월 1일부로 Wonderful 중공업의 대표이사로 선임되었기에 알려 드립니다.

이 자리를 빌어, 지난 2017년 3월부터 Happy 중공업 조선사업부에 재임하는 동안 베풀어 주신 아낌없는 성원과 후원에 깊은 감사를 드립니다.
Mr. New Leader가 Happy 중공업에서의 제 자리를 맡을 겁니다. 그는 조선산업에 풍부한 경험을 갖고 있어 귀 사와 우호적인 관계를 지속할 것입니다. 제 후임자인 Mr. New Leader에게도 한결 같은 성원과 협조를 보내 주신다면 정말 감사하겠습니다.
우리가 누려온 그런 소중한 관계가 지속되고 저의 Wonderful 중공업에서의 새로운 자리에서도 변함없는 지원과 후원이 이어지길 빕니다.

귀하와 귀 사에게 앞으로도 성공과 번영이 있기를 기원하며, 새로운 자리에서 다시 만나기를 기대합니다.

Old Leader 드림
Happy 중공업 사업대표

4. 퇴임 *Retirement*

선주사에 보내는 퇴임 레터

 HAPPY
HEAVY INDUSTRIES

25th November 2020

Dear Mr. Robbie Coltrane,

In this season when everybody is preparing for the completion of one year's activities, I would like to advise you that I am retiring from the ***post*** ¹⁾ of President & CEO of Happy Heavy Industries as of December 1, 2020.

Conveying my sincere thanks to you for your kind support to us, it was a great pleasure for me to get to know you and to work together forming good memories and a valuable friendship.

I have been very fortunate in that I started my career at Happy Heavy Industries at its ***inception*** ²⁾ and have worked in its group companies for the last 37 years. I have witnessed the whole process of development of Happy Heavy Industries to its position as the world's leading shipyard within a relatively short period of time despite some difficulties on several occasions.

I am sure that my successor, Mr. Now Boss shall continue to manage the company in a good way so that we can ***get through*** ³⁾ the ***unprecedented*** ⁴⁾ ***turbulent*** ⁵⁾ times we are all facing now. I hope that you render him the same support and cooperation as you have shown to myself so far.

Having worked in shipping/shipbuilding for quite some time, and knowing its ***cyclical*** ⁶⁾ nature, I think that sooner or later we will see the positive development of market after this extraordinary situation.

I wish you all the best in the coming new year.

Sincerely yours,

Goodbye Boss
President & CEO of Happy Heavy Industries

주1) 직책

주2) 시작, 개시

주3) 헤쳐 나가다

주4) 전례없는

주5) 격동하는

주6) 주기성을 띠는

본문 해석

로비 콜트레인 씨에게,

사람들이 한 해의 일들을 마무리하는 이 계절에, 제가 2020년 12월 1일부로 Happy 중공업의 대표이사직에서 퇴임하게 되었음을 알려 드립니다.

저희에게 보내주신 친절한 성원에 감사드리며, 귀하를 알게 되고 함께 일하는 동안 좋은 추억과 소중한 우정을 갖게 되어 큰 기쁨이었다는 말씀을 드립니다.

저는 정말 운 좋게도 Happy 중공업 창립 초기에 일을 시작하여 지난 37년 간 Happy 중공업 그룹사에서 일할 수 있었습니다. 비록 여러 어려운 시련들도 경험하지만, 그 동안 Happy 중공업이 상대적으로 짧은 기간에 세계적인 조선사로 성장하는 전 과정을 직접 목도할 수 있었습니다.

저의 후임인 Mr. New Boss도 회사를 올바른 방식으로 잘 경영해 나갈 것임을 확신하며, 그래서 우리가 처한 전례 없는 격동기를 잘 헤쳐 나갈 것입니다. 바라건대, 그 동안 저에게 보여 주신 성원과 협조를 그에게도 동일하게 베풀어 주시길 바랍니다.

해운과 조선업에서 꽤 오래 일하면서 일정한 주기를 갖고 있음을 알기에, 이런 비정상적인 시장 상황이 조만간 끝난 후에는 긍정적인 발전이 있을 것이라 생각합니다.

밝아오는 새해에도 행복하시길 빌며,

Goodbye Boss 드림
Happy 중공업 대표이사

✍Tip 흔히 하는 영작문 실수들

Konglish인 줄 모르고 사용하는 Konglish 2

잘못된 표현
: sign

올바른 표현
: signature

선주사 CEO 퇴임 레터에 대한 답례

HAPPY HEAVY INDUSTRIES

10th June 2020

주1) 전적인	
주2) 전문성	

Dear Mr. Sayonara,

Unfortunately, I only received your kind letter dated 11th December 2019 very recently, so please accept my apology for not being able to reply sooner.

Above all, I feel sorry to hear that you were already reaching retirement age from Super Diesel company at the end of 2019. On the other hand, I think it is wonderful that you can now spend more time with your lovely family.

I have always respected you for the outstanding achievements you made during your tenure in the sector of Diesel Engine Industry. I also would like to express my sincere thanks for your ***unreserved*** [1] cooperation with our company for such a long time. With your excellent ***expertise*** [2] and abundant experience in the Diesel Engine sector, I have no doubt that there are still many areas in which you can contribute in the development of Diesel Engine Industry.

Even though I have been working as COO of Shipbuilding Division from March last year, I have never forgotten the old good memories or your valuable supports and kind cooperation.

Once again, thanking you for the excellent cooperation and good friendship you have shown to myself and our company, I wish you a good health and all the best.

Sincerely yours,

Generous Boss
SEVP & COO of Shipbuilding Division
Happy Heavy Industries

본문 해석

사요나라 씨에게,

죄송하게도 귀하가 2019년 12월 11일자로 보내는 친절한 레터를 최근에야 받았기에 일찍 답장을 할 수 없었던 점을 양해 부탁드립니다.

우선 2019년 말 부로 Super 디젤 주식회사를 은퇴하게 되었다는 사실을 유감스럽게 생각합니다. 한편으로는, 사랑하는 가족들과 더 많은 시간을 보낼 수 있게 된 것은 멋진 일이라 생각합니다.

귀하가 디젤 엔진산업 분야에 재임하는 동안 이룬 눈부신 업적을 항상 존경해 왔습니다. 그 오랜 기간 동안 저희 회사에 보내 주신 전적인 협조에 대해서도 진심으로 감사드립니다. 귀하의 디젤엔진 분야의 탁월한 전문성과 풍부한 경험을 토대로, 여전히 많은 영역에서 디젤엔진 산업의 발전에 기여하실 거라는 사실을 믿어 의심치 않습니다.

비록 제가 작년 3월부터 조선사업부의 본부장으로 일해 왔지만, 오랜 추억과 소중한 지원 및 협조를 결코 잊은 적이 없습니다.

다시 한 번 저와 저희 회사에 보여주신 적극적인 협조와 우정에 감사드리며, 항상 건강과 행운 및 번영이 함께 하시길 기원합니다.

Generous Boss 드림
Happy 중공업
조선사업 본부장

기억에 남는 해외출장 1

일본어 프리젠테이션에 도전했던 **'일본 Sakaide LNG 터미널 출장'**

일본이란 나라는 한 번 세팅된 관행을 좀처럼 바꾸지 않기로 익히 알려져 있다. 그 중에서도 일본의 공기업은 한국보다도 훨씬 더 관료적이기 때문에 무언가를 변경하려는 협상은 오랜 인내심과 노력이 필요하다. 일본 열도를 구성하는 4개의 섬 중 가장 작은 시코쿠의 카가와현에 위치한 대표적인 공기업, 사카이데(坂出 Sakaide) LNG 터미널 출장 사례를 소개해 본다.

사카이데 LNG 터미널은 말레이시아 MISC사로부터 수주한 LNG운반선의 인도 후 주요 영업 터미널 중 하나로서, 해당 선박의 사양서에는 'ship-shore compatibility'란 요구조건이 있다. 전세계 터미널마다 수심 조건도 다르고 안벽 설비도 다르기 때문에, 선박이 터미널에 입항했을 때 하선하기 위해서는 각 터미널의 설비에 맞도록 선박이 설계되어야 한다는, 상당히 까다로운 요구조건 중 하나이다. 문제는 사카이데 터미널에 설치된 갱웨이가 상기 선박이 하선할 수 있도록 하려면, 해당 갱웨이의 운용조건을 수정해야만 한다는 거였다(상세 내용은 61페이지 이메일 참조).

일본 지사를 통한 이메일 교신만으로는 이 문제를 해결할 수 없어, 출장팀을 꾸려 직접 사카이데 터미널을 방문하였다. 방문 자체도 잘 허가하지 않는 보수적인 터미널 관계자들의 마음을 움직여 설득을 해야 하는 중요한 출장인만큼, 뭔가 특별한 대책이 필요하다고 생각했기에 고등학교 시절 일본어를 전공한 계기로 꾸준히 익혀 온 일본어로 프리젠테이션을 해 보기로 했다. 단순 회화와 비즈니스 프리젠테이션은 상당한 차이가 있는데다, 어떻게 하면 상대방의 마음을 움직이게 할 수 있을까를 함께 고민해야 해서 쉽지만은 않았지만, 영어가 아닌 일본어로 진행한 나의 노력에 그들도 약간은 마음의 문이 열렸던 것일까? 그로부터 1년 여 시간이 지난 후에, 설계 담당자로부터 터미널에서 우리의 요구조건을 수락했다는 소식을 듣게 되었다.

일을 하다보면 스스로 한계를 설정하게 되기 쉽다. '이 고객은 항상 이런 요구는 들어주지 않았으니 이번에도 안 들어 주겠지'라던가, '이 문제를 해결하려면 비용이 너무 많이 드니 그냥 포기하는게 낫겠다'는 식의 판단은 **문제의 본질을 흐리게 만들고 발상의 전환을 가로막는 최대의 적**이라 생각한다. 사카이데 터미널 출장은 **'안 될 이유 열 가지를 설명하려 애쓰지 말고, 될 법한 방법 한 가지라도 찾아보자'**라는 나의 오랜 신념을 다시 한 번 확실히 다지게 해 준 좋은 계기가 되었다.

선주사 임원의 퇴임에 즈음한 감사 레터

10th June 2020

Dear Mr. Colin Firth,

On the occasion of your retirement from ABC, with our **heartiest** 1) **compliments** 2) we would like to present this **Plaque of Appreciation** 3) to you in recognition of your great efforts to achieve the **unprecedented** 4) 30 years business partnership between ABC and Happy Heavy Industries.

Since the first new-building contract for two Container Carriers in 1988, you have always shown great leadership and cooperation in the center of Owner's side for the successful completion of 50 vessels. We all your friends at Happy Heavy Industries, will **cherish** 5) deep in our heart such a good memory and the outstanding achievement made between us.

Thankful Boss
President & CEO of Happy Heavy Industries

주1) 마음에서 우러나오는

주2) 찬사

주3) 감사패

주4) 유례없는, 전례없는

주5) 소중히 하다

본문 해석

콜린 퍼스 씨에게,

귀하의 ABC사 퇴임에 즈음하여, 진신어린 찬사와 함께 ABC사와 Happy 중공업 간의 전례없는 30년 간의 비즈니스 파트너십 형성을 위한 위대한 노고를 기념하며 이 감사패를 드립니다.

1988년에 2척의 컨테이너 운반선 발주한 이후로, 귀하는 선주 측 중심에 서서 50척의 선박을 성공적으로 완수하기 위해 변함없이 뛰어난 리더십과 협조를 보여 주셨습니다. Happy 중공업에 있는 귀하의 모든 친구들은 그런 좋은 추억들과 양사 간의 눈부신 성과를 가슴 속 깊이 소중히 간직할 것입니다.

Thankful Boss 드림
Happy 중공업 대표이사

5. 조문 *Condolence Letter*

선주사 수석감독 모친 별세

10th February 2020

Dear Mr. Freddie Highmore,

We were deeply ***grieved*** ¹⁾ beyond expression at the sad news that your mother passed away last Friday.

Please accept our heartfelt ***condolences*** ²⁾ on this ***sorrowful*** ³⁾ occasion.

We, on behalf of all staff here who know you, pray for the peaceful ***repose*** ⁴⁾ of ***the deceased*** ⁵⁾ and convey our deepest ***sympathy*** ⁶⁾ to all ***the bereaved family*** ⁷⁾.

With deepest condolences,

Sad Boss
President & CEO of Happy Heavy Industries

주1) 슬퍼하는

주2) 애도, 조의

주3) 슬픈

주4) 휴식

주5) 망인, 고인

주6) 연민

주7) 유(가)족

본문 해석

프레디 하이모어 씨에게,

지난 금요일 귀하의 모친 별세 소식에 말로 표현하기 어려운 깊은 슬픔을 느낍니다.

이런 슬픈 일에 삼가 조의를 표합니다.

다시 한 번 유가족에게 심심한 위로를 전하며, 귀하를 알고 있는 모든 직원들을 대신하여, 고인의 편안한 영면을 빕니다.

삼가 조의를 표하며,

Sad Boss 드림
Happy 중공업 대표이사

선주사 CEO 별세

12th June 2020

Dear Mr. Johns Hopkins,

I am deeply **_saddened_** [1] to hear that Mr. Perfect Leader passed away last Wednesday.

On behalf of Happy Heavy Industries, I would like to express my heartfelt sympathy and condolences. Mr. Perfect Leader will be remembered as a great man who has left a **_distinct_** [2] **_footprint_** [3] in such areas as shipping, oil & gas and ship-building for long in the heart of all Happy Heavy Industries members.

My deepest sympathy to all the bereaved family. I pray for the peaceful repose of the deceased.

With deepest condolences,

Sad Boss
President & CEO of Happy Heavy Industries

주1) 슬퍼하다

주2) 뚜렷한, 괄목할 만한

주3) 발자취

본문 해석

존 홉킨스 씨에게,

Perfect Leader씨가 지난 수요일에 별세했다는 소식에 깊은 슬픔을 느낍니다.

Happy 중공업을 대표하여, 심심한 조의를 표합니다. Perfect Leader씨는 해운, oil & gas 및 조선 분야에 있어 괄목할만한 자취를 남긴 위대한 인물로서 Happy 중공업 모든 이들의 가슴 속에 오랫 동안 기억될 것입니다.

유가족에게 심심한 위로를 전하며, 고인의 편안한 영면을 빕니다.

삼가 조의를 표하며,

Sad Boss 드림
Happy 중공업 대표이사

6. 행사 초청 *Invitational Letter*

진수식 행사 초청

HAPPY
HEAVY INDUSTRIES

10th January 2020

GENERAL LUDWIG VAN BEETHOVEN,
Chief of Staff, The Armed Forces of the Philippines (AFP)
Department of National Defense
General Head Quarter Building
Aguinaldo Quezon City, 1000 Philippines

Dear General,

May God bless you with good health, happiness, success and prosperity.

On behalf of Happy Heavy Industries, ***I am glad to invite you*** 1) for the Launching ceremony of the very 1st warship for the Philippine Navy on 5th June, 2020.

We would like to celebrate and commemorate this special moment with honored guests from the Republic of the Philippines, Republic of Korea and other friendly nations in our shipyard on 5th June, 2020.

Expecting your kind acceptance of our invitation, we look forward to hearing from you soon.

I would be extremely grateful if you could ***R.S.V.P.*** 2) by no later than 15th April 2020 to iamsohappy@happyind.co.kr.

Yours sincerely,

Welcoming Leader
SEVP & COO of Naval Ship Business Unit
Happy Heavy Industries

주1) 다른 수동적 표현으로 you are cordially invited 로도 많이 사용함

주2) please reply의 불어 répondez s'il vous plait 에서 유래

본문 해석

장군님께,

신의 축복과 건강과 번영을 기원합니다.

Happy 중공업을 대표하여, 2020년 6월 5일에 실시할 필리핀 해군 첫 군함의 진수식 행사에 초청합니다.

이 특별한 순간을 2020년 6월 5일 저희 야드에 필리핀, 한국 및 기타 우호적인 국가의 귀빈들을 초청하여 축하하고 기념하고자 합니다.

초청에 응해 주실 것을 기대하며, 소식 기다립니다.
4월 15일까지 iamsohappy@happyind.co.kr로 RSVP를 보내 주신다면 정말 감사하겠습니다.

Welcoming Leader 드림
Happy 중공업 특수선사업본부장

Tip 흔히 하는 영작문 실수들

Konglish인 줄 모르고 사용하는 Konglish 3

잘못된 표현
: grand open
올바른 표현
: grand opening

7. 기타 *Other Letters*

선주사 국가의 눈사태 소식에 대한 위로와 안부

 HAPPY HEAVY INDUSTRIES

10th January 2020

Dear Mr. Ryan Reynolds,

All of us here at Happy Heavy Industries deeply regret to hear about the unexpected severe snow storms in your country.

We really wonder how you and all your staff *are getting along* [1] in this severe weather, and especially, in the worst snow *in years* [2].

We would like to extend our deepest sympathy to all who are in great difficulties due to this unusual weather and sincerely hope that you and all your staff are in the best health and spirits.

Yours faithfully,

Kind Boss
President & CEO of Happy Heavy Industries

주1) 지내고 있다

주2) 최근 몇 년 동안

본문 해석

라이언 레이놀즈 씨에게,

여기 Happy 중공업의 모든 임직원들은 귀하의 나라에서 발생한 심각한 눈사태 소식을 매우 유감스럽게 생각합니다.

우리는 특히 최근 몇 년 동안 최악의 눈이 내린 이런 험악한 날씨에 귀하와 직원들이 어떻게 지내고 있는지 정말 걱정이 됩니다.

우리는 이런 이상 기후로 인해 엄청난 어려움을 겪고 있는 사람들에게 심심한 위로를 전하며, 심신의 건강을 진심으로 기원합니다.

Kind Boss
Happy 중공업 대표이사

건조 중 선박의 화재 발생 통보

12th June 2020

Dear Mr. Antonio Banderas,

We regret to inform you that a fire broke out in upper deck area of subject vessel 17:00 hours yesterday.

A thorough investigation is being carried out to find out the cause of the fire and **the extent of** [1] damages and we will advise you of the result **in due course** [2] together with **remedy plan** [3] **thereto** [4] including any impact on the completion schedule of the vessel.

We will of course have close contact with your site representatives and the Classification society while we are preparing the remedy plans.

Assuring you of our utmost efforts to keep the good quality vessel **in the course of** [5] carrying out all necessary repair, we will keep you posted with progress.

Regretful Boss
President & CEO of Happy Heavy Industries

주1) ~의 정도, 범위

주2) 적절한 때에, 적의

주3) 조치 계획

주4) 앞서 언급된 사항에 대한

주5) ~하는 과정에서

본문 해석

안토니오 반데라스 씨에게,

어제 17시경 표제 선박의 Upper Deck 구역에서 화재가 발생하였음을 통보드리게 되어 유감입니다.

원인과 피해 정도에 대한 철저한 조사가 진행 중에 있으며 해당 결과는 해당 조치방안 및 혹시 있을지 모르는 본선 공정에 미칠 영향과 함께 적의 통보해 드리겠습니다.

물론 조치 방안 수립 과정에서 귀 사이트 감독 및 선급과도 긴밀하게 협의할 것입니다.

복구 절차에 있어서 고품질의 선박 건조를 위해 모든 노력을 기울일 것임을 약속드리며, 진행 과정은 계속 알려 드리도록 하겠습니다.

Regretful Boss
Happy 중공업 대표이사

전염병 발생 관련 안심 레터

15th March 2020

Dear Secretary Antonio Luna,

It was my great honor to meet you at our shipyard on the occasion of the launching ceremony of the 2nd Frigate last year and I would like to extend my sincere gratitude for your continued support for the project.

I am pleased to inform **Your Excellency** ¹⁾ that the relevant tests and trials for the 1st Frigate are running smoothly as scheduled, and we will soon **commence** ²⁾ the final outfitting works.

In the meantime, you may have a concern on the **epidemic** ³⁾ that is going on here in Korea due to the outbreak of novel corona virus disease 2019 (COVID-19). It is true that the epidemic has significant impacts on our business. However, please rest assured that we are exerting all our efforts to keep our employees and the Crews safe from infection **in close cooperation with** ⁴⁾ the Korean health authorities.

Notwithstanding the above, I am very confident that the construction and tests/trials of the Frigate will be duly completed and be ready for delivery in time with best quality.

Korea and your country enjoy an especially warm and friendly relationship. Our **bilateral** ⁵⁾ cooperation is ever increasing and I am confident that our relations will further strengthen **in the years ahead** ⁶⁾ to mutual benefit.

Renewing my appreciation of your active support and attention to the successful implementation of the project, please accept the assurances of my highest consideration and good wishes for your personal health and wellbeing, as well as the progress and prosperity of the friendly people of your country.

Yours sincerely,

Don Worry
President & CEO of Happy Heavy Industries

주1) 각하, 상대방이 장관, 대사 등일 경우 극존칭의 일환

주2) 착수하다

주3) (전염병 등의) 급속한 확산

주4) ~와 긴밀한 협조 하에

주5) 상호, 쌍방 간의

주6) 향후, many years to come 과 비슷한 표현

본문 해석

안토니오 루나 장관님께,

작년 본 함 진수식 행사에서 저희 야드에서 만나 뵙게 되어 정말 영광이었으며, 프로젝트에 대한 지속적인 협조에 진심으로 감사 드립니다.

1번 호위함의 테스트와 시험 운항은 일정대로 순조롭게 잘 진행되고 있음을 알려 드리며, 곧 마무리 의장 작업에 착수 예정입니다.

한편, 한국의 COVID-19의 확산과 관련하여 염려를 하고 계실 듯 합니다. 사실 전염병 확산으로 인해 저희 회사의 사업에도 심각한 영향이 있는 것은 사실입니다. 그러나, 한국의 보건 당국과 긴밀한 협조 하에 당사 직원은 물론 승조원들도 감염으로부터 안전하게 보호할 수 있도록 최선의 노력을 다하고 있으니 안심하십시오.

위와는 별개로, 본 함의 건조 및 시험운항은 성공적으로 끝날 것이며 최고의 품질로 제 날짜에 인도될 수 있으리라 확신합니다.

한국과 귀국은 특히 우호적인 친분 관계를 유지해 왔습니다. 우리의 상호 협력은 계속 증진될 것이며, 상호 이익을 위한 관계는 더욱 강화될 것임을 믿어 의심치 않습니다.

다시 한 번 성공적인 프로젝트 수행을 위한 적극적인 협조와 관심에 감사드리며, 귀하의 건강과 행복 그리고 귀국의 모든 이들의 번영과 번성을 기원합니다.

Don Worry
Happy 중공업 대표이사

기억에 남는 해외출장 2

협상력을 길러 준 'Mini MBA 미국 연수 체험기'

회사에서 제공하는 다양한 직원 연수교육 프로그램 중에, 국내 및 해외 대학에서의 Mini MBA 연수과정이 있다. 회사 특성 상 직원들 중 이공계 전공자들 비율이 높아, 경영마인드와 글로벌 리더십 함양을 위해 기획된 과정인데, 2013년도에 운좋게 선정되어 교육을 이수할 수 있었다.

국내 대학교 경영학 과정 및 전화영어 수업 그리고 회사와 자매결연 학교인 미국 유타주 소재 Brigham Young 대학교(BYU)에서의 3개월 경영학 과정(Mini MBA)으로 구성된 1년 단위 연수과정인데, 대학에서 경제학을 전공한 나로서는 영어로 듣게 되는 3개월 간의 미국 연수가 특히 기대가 많이 되었다.

미국행 비행기에 몸을 싣으면서, 3개월 간 무엇을 배우고 올 것인가 하는 목표를 세워 보았다. 주말을 이용하여 다양한 문화체험을 하는 것도 의미있고 좋은 기회겠지만, 선박 계약관리 업무를 하면서 해외 고객과 매일 접하는 나로서는 3개월 간의 연수를 통해 업무적으로 필요한 역량도 함께 기르고 싶었던 욕심이 있었다.

그래서 결심한 것이 '협상력 향상'이라는, MBA 과정에서 통상 기대하는 것과는 다소 동떨어진 목표였지만, 당시 25명 교육생의 **Team Leader로서 현지 교육관리자와 각종 조율을 담당했기 때문에 그 과정에서 외국인과의 협상력을 높일 수 있겠다는 생각**을 한 것이다. 3개월 간의 짧은 시간 동안 핀셋으로 콕 찍은 듯한 구체적인 목표 설정이 되지 않으면, 어영부영 하다가 금방 시간이 다 지나갈 것 같은 불안감이 들었던 것인데, 사실 모처럼의 여유를 그냥 편안하게 만끽하고 오지 못했던 건 사서 고생하는 성격 탓인지도 모르겠다.

하지만 개인적인 목표가 분명했기 때문에, 수시로 교육담당자를 찾아가 교육생들의 요구사항들에 대해 협상을 했다. **요구사항 중에는 쉽게 수락하기 힘든 건들도 있었지만 그럴 때마다, 상대방이 수락할 수 있는 명분을 제시하려 노력**했고, 그 과정에서 자연스럽게 협상 능력이 길러진 것 같다. 또한 기존 관행 중 변화가 필요한 사항들에 대해서는 새로운 방법들을 많이 시도했는데, 대표적인 것이 무작위로 배정하던 1:1 튜터를 저녁식사를 통해 서로를 알 수 있는 기회를 먼저 제공한 뒤에 짝짓기 투표를 통해 정했다. 이런 방식은 교육담당자도 신선하게 받아들인 새로운 아이디어였고 효과도 좋았다. 그 밖에도 각종 모임을 기획하고 MC를 맡아 게임 등을 진행하면서, 자연스럽게 영어로 사회를 보는 역량도 기를 수 있었다.

몰몬교 학교인 BYU에 3개월 간 체류하면서, 교리상 혼전순결을 강조하다보니 유난히 캠퍼스에 유모차를 끌고 다니는 학생 부부가 많다는 것과 젊은시절 넘치는 활력을 주체하지 못해 스포츠 활동에 전념하다 보니 경기 성적도 뛰어나다는 사실도 알 수 있었다. 이처럼 새로운 문화를 접하고 나와 다름에 대해 알아가는 모든 과정들이, 외국인 고객과 소통하고 그들을 이해할 수 있는 소중한 밑거름이 되어 왔던 것 같다.

BYU 교육담당자 Scott과 함께

제 3 장

각종 비즈니스 양식 모음

양식 부자가 진정한 비즈니스 능력자다

앞 장의 Formal Letter에서 설명한 것처럼, 비즈니스를 함에서 있어서 상호 간에 정해진 표준이라 할 수 있는 다양한 양식들이 존재한다. 미팅 후 작성하는 미팅메모 에서부터 각종 합의서, 공지문, 이력서, 감사패 등 다양한 비즈니스 상황과 오랜 관행으로 축적되어 정형화된 포맷들이 존재하는 것이다. 물론 이러한 양식들은 나라별 또는 회사별로 특색이 반영되어 조금씩 차이는 있지만 그 본질적인 목적과 용도는 동일하다고 할 것이다

앞 장에서도 공식레터 샘플을 숙지하고 있으면 상황에 맞게 간편하게 고쳐 쓸 수 있었던 것처럼, 자주 사용되는 각종 비즈니스 양식들의 포맷을 익혀 놓는다면 해당 필요가 생겼을 때 쉽고 효율적으로 대처할 수 있을 것이다.

결국 **얼마나 다양한 비즈니스 양식을 밑천으로 보유하고 있느냐가 그사람의 업무 효율, 나아가 업무 성과까지도 좌우한다**고 해도 과언이 아닐 것이기에, 잘 작성된 비즈니스 양식들을 만나게 될 때마다 분류해서 모아두는 습관을 가질 것을 권한다.

이번 장에서는 수 많은 비즈니스 양식들 중에서 실제 업무 상황에서 활용도 가 높은 것들 위주로 선별하되 실제 상황을 최대한 각색없이 살려서 게재하였으니 좋은 참고가 되기를 바란다.

1. 합의서/계약서 *Agreement*

인도일 변경 합의서

AMENDMENT AGREEMENT

This agreement is made on **5ᵗʰ *day of September, 2020*** ¹⁾ by and between ***WONDERFUL SHIPPING*** ²⁾ , a company organized and existing under the laws of ***U.S.A.*** ³⁾ having its principal office at ***1004 New York, U.S.A.*** ⁴⁾ (the "Buyer") and ***HAPPY HEAVY INUSTRIES*** ⁵⁾ , a company organized and existing under the laws of the Republic of Korea, having its principal office at 1, Haengbok-Dong, ***Republic of Korea*** ⁶⁾ (the "Builder") in connection with the Shipbuilding Contract (the "Contract") for the construction and sale of ***one (1) LNG Carrier*** ⁷⁾ having the Builder's ***Hull No.1234*** ⁸⁾ (the "Vessel").

The parties hereby mutually agree as follows.

1. All words used in this Agreement shall have the same meaning in the Contract, unless otherwise specifically defined herein.

2. Notwithstanding the ***Article V*** ⁹⁾ of the Contract, the date for the Delivery of the Vessel shall be amended from "**5ᵗʰ *June 2019*** ¹⁰⁾" to "5th June 2020 ¹¹⁾".

3. Save as amended in 1. above, all other terms and conditions of the Contract shall remain unchanged and in full force and effect.

IN WITNESS WHEREOF, the parties hereto have caused this Agreement to be duly executed on the date first above written.

For and on behalf of   **For and on behalf of**
The Buyer   **The Builder**

By   : _____   By   : _____
Name :   Name :
Title :   Title :

주1) 합의 체결일

주2) 선주사 이름

주3) 선주사의 등록 국가

주4) 선주사의 등록주소

주5) 조선소명

주6) 조선소 등록주소

주7) 선박 종류와 척수

주8) 선번

주9) 계약서 내 조항

주10) 원 인도일자

주11) 변경 인도일자

보증기간 연장 합의서

ADDENDUM NO.1

With reference to the shipbuilding contract (hereinafter called the "Contract") made on **5th day of June, 2020** [1] by and between **WONDERFUL SHIPPING** [2], a company organized and existing under the laws of **U.S.A.** [3] having its principal office at **1004 New York, U.S.A.** [4] (hereinafter called the "Buyer") and **HAPPY HEAVY INDUSTRIES** [5], a company organized and existing under the laws of the Republic of Korea, having its principal office at **1, Haengbok-Dong, Republic of Korea** [6] (hereinafter called the "Builder") for the construction and delivery of one(1) unit of **LNG Carrier** [7] having the Builder's **Hull No.1234** [8], the parties hereby mutually agree as follows ;

1. Notwithstanding the **Article VI** [9] of the Contract, which describes the Builder's warranty for a period of **twelve (12) months** [10] from the delivery date of the Vessel, the Builder guarantees the (performance of **the Equipment** [11]) for a period of **twenty-four (24) months** [12] commencing from the expiry date of the Builder's guarantee period as above.

2. This addendum shall make an integral part of the Contract.

3. Save as mentioned herein above, all other terms and conditions of the Contract shall remain unchanged and in full force and effect.

IN WITNESS WHEREOF, the parties hereto have caused this Addendum to be duly executed on this 5th day of June, 2020 [13].

For and on behalf of   For and on behalf of
The Buyer   The Builder

By   : _____   By   : _____
Name :   Name :
Title :   Title :

주1) 합의 체결일

주2) 선주사 이름

주3) 선주사의 등록 국가

주4) 선주사의 등록주소

주5) 조선소명

주6) 조선소 등록주소

주7) 선박 종류와 발주 대수

주8) 선번

주9) 계약서 내 조항

주10) 원 계약상 보증기한

주11) 보증 대상 장비

주12) 변경된 보증기간

주13) 합의 발효일(통상은 체결일과 동일하나 다르게 설정도 가능)

조기 승선 합의서

PRE-BOARDING AGREEMENT

In anticipation of the forthcoming delivery of *Hull No. 1234* [1], "*WONDERFUL SHIP* [2]"(the "Ship") scheduled on *June 5, 2020* [3], *WONDERFUL SHIPPING* [4] (the "Buyer") has requested *HAPPY HEAVY INDUSTRIES* [5] (the "Builder") to allow the Buyer's officers and crew to be on-board the ship from *09:00 Hours on May 30, 2020* [6] ("Pre-boarding").

The Builder has considered the Buyer's request and agrees thereto subject to the Buyer's agreement of the following conditions ;

1. The Buyer shall be responsible for any and all kinds of damage, loss and delay of any nature or description which may be caused to the Ship and the systems, equipment and materials on the Ship whether they belong to the Ship or not (the "Damages") or for any damage, loss and delay of any nature or description which are the consequence of the Damages, whether direct or indirect by the officers and crew member's negligence, mistake or willful neglect or any act by them of every nature and description from the commencement of the Pre-boarding up to the delivery of the Ship.

2. The Buyer shall keep the Builder harmless from any claims, liabilities and demands of every kind, nature and description whether direct or indirect which are as a result or consequence of the Builder agreeing to Buyer's request to allow Pre-boarding.

3. The Buyer shall have its sea staff members who will stay on board until delivery comply with the *Korean Prime Minister Mandate No. 468* [7] (the "Mandate") which stipulates that any kind of waste including food residue and human waste must not be thrown overboard or discharged from the vessel (even through sewage treatment system) within three (3) nautical miles from nearest Korean shore. The Buyer shall be responsible for any and all kinds of penalty imposed by Korean governmental authorities if such penalty is due to the violation by the Buyer's sea staff members of the Mandate.

주1) 선번

주2) 선명

주3) 선주사 이름

주4) 계약상(or 합의) 인도일

주5) 조선소명

주6) 조기승선일시

주7) 해당 법령

4. The Buyer shall indemnify and keep indemnified the Builder in respect of any claims, liabilities or demands and the costs and expenses so incurred which may be brought against the Builder by any of the Buyer's officers and crew in respect of any accident, loss or damage of every kind, nature and description to the Buyer's officer and crew caused and occurring from the commencement of the Pre-boarding up to the delivery of the Ship.

5. This Agreement shall prevail over any contrary provision in the Shipbuilding Contract.

For and on behalf of   **For and on behalf of**
The Buyer   **The Builder**

By   : _____   By   : _____
Name :   Name :
Title :   Title :

Lay-Up 합의서

AMENDMENT AGREEMENT
to the Shipbuilding Contract for **Hull No. 1234** [1]
(Delivery Deferment by way of Lay-up)

This Agreement is made on this 1st day of December, 2020 by and between **WONDERFUL SHIPPING** [2] (the "Buyer") and **HAPPY HEAVY INDUSTRIES** [3] (the "Builder") in connection with the Shipbuilding Contract dated **December 6, 2019** [4] as amended (the "Contract") for the construction of one (1) unit of **260,000 DWT Class Bulk Carrier** [5] having the Builder's Hull No. 1234 (the "Vessel").

WHEREAS

The Buyer has requested to defer the delivery date of the Vessel as set out in this Agreement, and

The Builder is willing to agree to the Buyer's request by way of lay-up after completion of the Vessel as per its current construction schedule.

NOW THEREFORE, both of the parties hereto agree to the terms and conditions as set forth below.

The Delivery Date of the Vessel as stipulated in the Contract shall be deferred to **January 4, 2021** [6] (the "Deferred Delivery Date").

The Buyer executed agreement to the technical acceptance of the Vessel on December 1, 2020 [7] as provided in the attachment hereto (the "Technical Acceptance Agreement"). All spare parts including the Buyer's supplies shall be stored onboard the Vessel prior to execution of the Technical Acceptance Agreement.

After execution of the Technical Acceptance Agreement and until the Deferred Delivery Date (the "Lay-up Period"), the Builder shall keep the Vessel in lay-up as per the Builder's standard lay-up procedure (to be separately submitted) in the vicinity of its premises or any other convenient Korean waters at its own discretion.

In consideration of the Builder's expenses to be incurred by lay-up of the Vessel, the Buyer shall pay the Builder the sum of **United States Dollars One Hundred Sixty Thousand only (US$ 160,000)** [8] as compensation for such expenses on the Deferred Delivery Date.

주1) 합의 체결일
주2) 선주사 이름
주3) 선주사의 등록 국가
주4) 선주사의 등록주소
주5) 조선소명
주6) 조선소 등록주소
주7) 선박 종류와 척수
주8) 선번
주9) 계약서 내 조항
주10) 원 인도일자
주11) 변경 인도일자

Notwithstanding this Agreement and the provision of the Article IX (Warranty of Quality) of the Contract, the Guarantee Period shall commence as from the date of the execution of the Technical Acceptance Agreement.

On the Deferred Delivery Date, the Buyer shall take delivery of the Vessel on "as is basis".

The Builder shall get the statement from the Class by the date of the execution of the Technical Acceptance Agreement confirming that the Vessel has been completed in accordance with the rules and regulations of Class in all respects. The classification and statutory certificates shall be issued on Deferred Delivery Date of the Vessel.

All other terms and conditions not mentioned in this Agreement shall remain unchanged and same as those of the Contract.

This Agreement shall be governed by and construed in accordance with the English Laws and the parties hereto shall submit to the exclusive jurisdiction of Commercial Court in London.

This Agreement shall be kept strictly private and confidential by both parties hereto and shall not be disclosed to any third parties.

IN WITNESS WHEREOF, the parties hereto have caused this Agreement to be executed on the day and year above written.

For and on behalf of
The Buyer

For and on behalf of
The Builder

By   : _____
Name :
Title   :

By   : _____
Name :
Title   :

보안 합의서

AGREEMENF FOR CONFIDENTIALITY

This agreement was made by and between **Wonderful Shipping** [1] (hereinafter referred to as "User") and **Happy Heavy Industries** [2] (hereinafter referred to as "Provider") with regard to furnishing certain Confidential Information (as defined below) under the terms and conditions hereinafter set forth.

1. Confidential Information means the following referenced drawings:

Hull No.　　　 : **1234** [3]
Drawing Name : Requested Drawings by One (1) USB

The intention of drawings furnished – Reference for the ship-owner. The above drawings should be furnished the watermarking on the drawing.

Confidential Information shall also mean any related information to the above drawings including, but not limited to:

a. technical information: methods, techniques, processes, drawings, designs, schematics, systems, inventions, machines, computer programs, and all other scientific and technological information; and
b. business information: know-how, trade secrets, detailed circumstances of the contract, pricing policy or business plan strategy, financial information, personnel information, work progress, construction or construction proposal and all other business information.

2. All Confidential Information shall be the sole property of Provider. Provider retains all right with respect to the Confidential Information furnished to User.

3. The User and its employees, agents and representatives shall keep all Confidential Information in strict confidence and use the Confidential Information solely for the purpose of this Agreement.

4. Upon consummation of the purpose herein, the User shall promptly return all Confidential Information to Provider. In the event that the User, its employees, agents or representatives disclose, divulge or distribute in whole or in part to any third party and/or use or copy in whole or in part and/or allow any third party to disclose, divulge, distribute, use and/or copy in whole or in part any of the Confidential Information for a purpose other than that stipulated in this agreement, the User shall be fully responsible for all damages incurred by Provider as result therefrom.

주1) 보안자료 요청자

주2) 보안자료 제공자

주3) 선번

User shall also be held responsible for the actions of its employees or any third party to whom User provided Provider's Confidential Information. If such persons or parties fail to abide by this Agreement, User shall be jointly and severally liable for such violations under criminal and civil laws.

5. In the event that the User is required or requested by any court, statute, legislative or administrative or regulatory body to disclose any Confidential Information then the User shall immediately notify Provider so that Provider may take appropriate legal measures to stop such disclosure. The User shall offer reasonable assistance to Provider in such instances. If the User required disclosing Confidential Information, it shall disclose only the portion(s) of the Confidential Information that has been specifically requested.

6. User shall protect the Confidential Information it receives from Provider with efforts at least equal to those User would use to protect its own corresponding sensitive information. In no case shall User's standard of protection be less than what a careful business in User's industry would use to protect its sensitive information.

7. User recognizes that no patent, trademark or any other type of intellectual property right or license is either granted or implied through use of Provider's Confidential Information and any such rights created through use of Confidential Information are property of Provider.

8. User recognizes that money damages alone would not be a sufficient remedy for breach of this Agreement and that Provider shall be entitled to seek injunctive or other equitable relief for breach or threat of breach of this Agreement by User. Such remedies shall be in addition to all other rights and remedies available to Provider in law and equity.

9. This agreement shall be governed by and constructed in accordance with English law. The parties submit to the exclusive jurisdiction of the English Courts.

IN WITNESS WHEREOF, this agreement shall be duly executed upon the signing by the authorized representative of the User as of the date below written.

For and on behalf of Wonderful Shipping

By   : _____
Name :
Title :
Date :

물품 Hand-over 합의서

AGREEMENT

This Agreement was entered into on **5ᵗʰ June 2020** ¹⁾ by and between **Happy Heavy Industries** ²⁾ (hereinafter referred to as "HHI") and the **Crew of Wonderful Carrier** ³⁾ (hereinafter referred to as "the Crew"").

WHEREAS

(A) The Crew has requested to deliver some ILS packages as set out in this Agreement for the purpose of utilization for Unit Training, and

(B) HHI is willing to agree to the Crew's request by the terms and conditions as set forth below.

a. The items and quantity shall be limited to the followings ;

Nos	Items	Quantities		
		Total	Early Provision	Remaining
1	**Item 1**	40	**Twenty (20)**	20
2	**Item 2**	40	**Twenty (20)**	20
3	**Item 3**	8	**Eight (8)**	0

b. Upon receiving by the Crew, the Crew shall be responsible for any and all kinds of damage or loss for the items on the above.
c. For the delivery acceptance by the Buyer, the Crew shall show the items, if required.

IN WITNESS WHEREOF, both Parties hereto have caused this Agreement to be duly executed and shall keep this Agreement respectively.

For and on behalf of   **For and on behalf of**
The Builder   **The Crew**

By   : _____   By   : _____
Name :   Name :
Title :   Title :

주1) 합의서 체결일

주2) 조선소

주3) 선박명

용역(서비스) 계약서

SERVICE AGREEMENT

This Agreement was entered into on 5th June 2020 1) by and between:

(1) Happy Heavy Industries 2), a company organized under the laws of the Republic of Korea 3) having its registered office 1, Haengbok-Dong, Republic of Korea 4) (hereinafter referred to as "HHI") and

(2) Wonderful Corporation 5), a company registered and existing under the laws of England 6) having its registered office at 1004, London, U.K. 7) (hereinafter referred to as "Contractor").

HHI and Contractor may be collectively referred to as the "Parties" or individually as a "Party".

WHEREAS, HHI is in the course of its operations desires to engage Contractor to provide certain services as set forth in this Agreement; and

WHEREAS, Contractor desires to perform such service work pursuant to HHI's instructions; and

WHEREAS, HHI and Contractor wish to enter an agreement whereby HHI may issue order sheet or purchase orders to Contractor for particular item(s) or scope of services to be performed by Contractor which will subsequently fill on the terms and conditions provided herein.

NOW, THEREFORE, in consideration of the premises and mutual covenants herein contained, and for other good and valuable consideration, the receipt and sufficiency of which is hereby acknowledged, HHI and Contractor hereby agree as follows:

1. Scope of Application

This Repair Service Agreement is applicable and becomes an integral part of an order sheet or purchase order which refers to and incorporates this Repair Service Agreement. No modifications or alternate terms and conditions shall be binding upon HHI unless expressly confirmed in writing by HHI.

2. Scope of Work

When requested by HHI, Contractor shall promptly dispatch its engineer(s) and/or technician(s) to the place designated by HHI and provide all necessary services for the guarantee and/or after-sales services work in accordance with HHI's instruction and Order Sheet, including but not limited to the following (hereinafter referred to as the "Works"):

주1) 계약 체결일자

주2) 조선소명

주3) 조선소의 등록국가

주4) 조선소의 등록주소

주5) 용역업체명

주6) 용역업체의 등록지

주7) 용역업체의 등록주소

1) Repair work and technical service for, and replacement of damaged, worn down and/or defective materials, parts and equipment;

2) General repair, reconditioning, maintenance and guarantee work approved by HHI; and

3) Ordinary modification and adjustment not affecting the main function of materials, parts and equipment.

3. Request for Service

HHI shall request in writing (including by email) that Contractor carry out the Works (the "Order Sheet" or "Purchase Order"). However, in cases where time is of the essence, verbal request by telephone shall be acceptable, followed by a written confirmation (including by email) within five (5) days of the verbal request. The Order Sheet or Purchase Order should include and specify the scope of the Works, the timeline for the completion of the Works, the costs for performance of the Works and other requirements as agreed by the Parties.

4. Terms of Payment

1) In consideration of the provision of the Works by the Contractor, HHI shall pay the charges as agreed in the Order Sheet or Purchase Order.

2) Contractor shall invoice HHI after completion of the requested service work. Payment shall be made to Contractor by HHI within sixty (60) days from the receipt of Contractor's invoice, along with all relevant documentation, if any.

3) The payment shall be in United States dollars (USD) via T/T to the account designated by Contractor in U.K.

5. Responsibility of Contractor

1) Contractor shall timely perform the Works in a good and workmanlike manner and in strict compliance with the requirements contained in this Agreement and the Order Sheet.

2) Contractor shall prepare documents which are necessary to perform the Works.

3) Within five (5) working days after completion of the Works, Contractor shall submit a written report to HHI with supporting documents.

4) Contractor shall hold and maintain with an insurance company acceptable to HHI, insurance adequate to cover its liabilities hereunder and to fulfill any requirements of government or other appropriate bodies and shall obtain from its underwriters a waiver of all rights insurances and ship repairer's insurances as required by laws of Contractor against accidents and/or defects involving its employees, subcontractors and equipment, which may occur in relation to the Works. Contractor shall also maintain workers compensation or comparable coverage for its employees (and any subcontractor's other personnel which may be engaged in the performance of the Works). Contractor shall bear all costs of procuring all required insurances and all civil and criminal liability for such accidents and/or defects. Contractor shall provide a copy of any and all insurance policies insured by Contractor as well as its subcontractors to HHI.

Contractor shall indemnify and hold HHI harmless from and against any and all claims, demands, liabilities, losses and/or actions made or brought against HHI arising out of, in connection with or resulting from death, illness or injury to any employees of Contractor or its subcontractors or for loss or damage to the property of Contractor or its sub-contractors or its or their employees and against all costs, claims, demands, proceedings and causes of action resulting there from howsoever caused in connection with the performance or non-performance of the Works.

5) Contractor shall maintain all the necessary conditions, including, but not limited to, certain level of equipment, skilled and qualified engineers, technical grade and others, defined separately by HHI during the period of this Agreement.

6) Contractor shall not assign or transfer this Agreement or subcontract to any third party with respect to maintenance and repairs without the prior written consent of HHI.

7) Contractor shall provide HHI's engineers with the necessary equipment and/or facilities such as telephone, fax, personal computer, electricity and welding equipment in the event HHI's engineers are dispatched to work with Contractor.

8) Upon the effective date of the Order Sheet or Purchase Order by the Parties, Contractor shall provide HHI with a semi-annual report detailing the Work performed by Contractor during each six (6) month period.

9) When performing the Works, Contractor shall only use and install genuine parts, purchased or supplied from HHI or HHI's authorized spare parts distributors.

10) In relation to the performance of the Works, Contractor shall be responsible for all taxes and duties imposed on Contractor.

11) In the event the name of the company or representative of Contractor is changed, Contractor shall notify HHI of such change and submit the new Certificate for Business Registration and the new Bank Account within fourteen (14) days of the change.

6. Responsibility of HHI

1) HHI shall pay Contractor for the performance of the Works in accordance with the payment terms listed on the Order Sheet or Purchase Order and in accordance with Article 3 of this Agreement.

2) HHI shall provide technical assistance and information necessary for the performance of the Works upon Contractor's request and/or at HHI's discretion.

3) Upon request of Contractor, HHI may dispatch its expert or subcontractor's expert for the supervision of the Works or for training. Contractor shall be responsible for costs with respect to supervision and training incurred due to such dispatch of HHI's or its subcontractor's expert. All other expenses incurred by HHI's or its subcontractor's personnel in connection with supervision and training, including traveling, boarding and lodging and sundry expenses, shall be paid by Contractor in US Dollars within sixty (60) days after the date of issuance of invoice. HHI may at its discretion set-off any amounts owed by Contractor from the outstanding invoices due by HHI to Contractor.

4) HHI may perform all or part the Works directly if necessary. HHI may appoint another company to perform all or part of the Works or the related service work, if necessary

5) HHI shall be entitled to evaluate Contractor's service performance, the result of which may be disclosed to Contractor solely at HHI's discretion.

7. Warranties

1) Contractor warrants to HHI that:

   a) the Works will be performed by Contractor with the degree of reasonable care and skill required to comply with generally recognized commercial practices and standards in the industry for similar services;

   b) the Works will conform with all descriptions, instructions and specifications which may be provided to the Contractor by HHI, including applicable Order Sheet or Purchase Order; and

   c) the Works will be performed in accordance with all applicable legislation from time to time in force and Contractor will inform HHI as soon as it becomes aware of any changes in that legislation.

2) In the event the Works do not conform to the specifications or instructions provided by HHI or the requirements of this Agreement, Order Sheet or Purchase Order, Contractor shall be responsible for deficiencies in the Works. The Contractor shall, should HHI notifies Contractor of any defects, defective workmanship or deficiencies in Works, promptly take measures, at its own cost, to rectify such errors, omissions or defects or deficiencies in Works, or re-perform the Works if deemed necessary. Contractor agrees to fully indemnify and hold harmless HHI from any damages, losses, costs or other liability incurred by HHI for any failure by Contractor to perform in accordance with the requirements of this Agreement, the applicable Order Sheet or Purchase Order.

8. Non-Disclosure

1) Contractor understands that it may receive, produce, or otherwise be exposed to, whether oral or in writing, HHI's trade secrets, business, proprietary and/or technical information, and also including, without limitation concerning customer lists, customer support strategies, employee, research and development, financial information (including sales, costs, profits and pricing methods), manufacturing, marketing, proprietary software, hardware and related documentation, inventions (whether patentable or not), know-how, show-how, drawings, designs and other information considered to be confidential by HHI, and all derivatives, improvements and enhancements to any of the above, in addition to all information HHI receives from others under an obligation of confidentiality (individually and collectively, "Confidential Information).

2) Contractor agrees not to use the Confidential Information except in the performance of this Agreement and not to divulge all or part of the Confidential Information in any form to any third party directly or indirectly, orally or in writing or in any other way, except expressly authorized in writing by HHI.

3) Further, Contractor shall promptly return all Information to HHI upon cancellation or termination of the Agreement or on the demand of HHI. The provisions of this Article shall survive the cancellation or termination of this Agreement.

4) Notwithstanding anything contained herein to the contrary, HHI is expressly permitted to seek preliminary injunctive relief as may be needed to enforce the obligations of Contractor under this Article in the event of any breach or threat of breach of this Article. Such relief may be sought in any court of competent jurisdiction but shall nevertheless be subject to final and binding resolution in accordance with Article 8.

9. Liability

Notwithstanding any other provision to the contrary contained herein, in no event shall either Party be liable to the other for any special, indirect, incidental or consequential damages of any kind, including but not limited to loss of profits, loss of revenue, loss of production, loss of contract or damages to business reputation, however caused and under any theory of liability, whether in an action for contract, strict liability or tort (including negligence) or otherwise.

10. Termination

HHI may cancel or terminate this Agreement in case Contractor is in default or fails to fulfill any of its obligations under this Agreement or in the event of any of the following;

1) Contractor breaches any obligation set forth in this Agreement or the Order Sheet;

2) Contractor encounters legal disposition such as seizure or provisional seizure of its property;

3) Contractor has been the subject of any voluntary or involuntary proceeding relating to bankruptcy, insolvency, liquidation, receivership, composition of or assignment for the benefit of creditors;

4) Contractor is or likely to be merged into, consolidated or amalgamated by a third party, be wound-up or in an action leading to its winding-up or insolvency, and be spun off into a separate company;

5) Both Parties mutually agree on early termination of the Agreement; or

6) HHI may terminate this Agreement without liability to Contractor by giving sixty (60) days prior written notice.

11. Dispute

Any and all disputes, claims, controversies arising out of or in connection with this Agreement shall be finally resolved by binding arbitration conducted in accordance with the Rules of Arbitration of England. The seat and venue of arbitration is Singapore and the arbitration shall be conducted in the English language. The arbitration award may be entered in any court of competent jurisdiction.

12. Governing Law

This Agreement shall in all respects be governed and construed in accordance with the laws of England.

13. Language

All documents in relation to this Agreement shall be in English.

14. Others

1) This Agreement shall be valid and continue in full force for a period of two (2) years from the execution of this Repair Service Agreement.

2) This Agreement shall be extended for additional one (1) year, unless any Party shall express and/or notify in writing intention of renewal or termination of this Agreement in advance one (1) month before the expiration date.

3) This Agreement constitutes and contains the entire agreement between HHI and Contractor and supersedes any and all prior negotiations, conversations, correspondence, understandings, and letters respecting the subject matter hereof. This Agreement may be amended or modified, or one or more provisions hereof waived, only by a written instrument signed by all the Parties.

4) The Parties hereby agree that each provision herein shall be treated as a separate and independent clause, and the unenforceability of any one clause shall in no way impair the enforceability of any of the other clauses contained herein. Moreover, if one or more of the provisions contained in these GTC shall for any reason be held to be excessively broad as to scope, activity, subject or otherwise so as to be unenforceable at law, such provision or provisions shall be construed by the appropriate judicial or arbitral body by limited or reducing it or them, so as to be enforceable to the maximum extent compatible with the applicable law as it shall then appear.

5) This Agreement may be executed in any number of counterparts, each of which shall be deemed to be an original and all of which together shall be deemed to be one and the same instrument.

6) As this Agreement envisions the possibility of multiple Order Sheets or Purchase Orders, any modification to this Agreement contained in an Order Sheet or a Purchase Order or subsequent agreement shall only apply with respect to the scope of that Order Sheet or Purchase Order or agreement, unless the modification is an express amendment to this Agreement executed by both Parties.

IN WITNESS WHERE OF, the Parties hereto have caused this Agreement to be duly executed and shall keep one (1) complete set of this Agreement respectively.

For and on behalf of   For and on behalf of
The Contractor   Happy Heavy Industries

By   : _____   By   : _____
Name :   Name :
Title   :   Title   :

🖥 Tip 흔히 하는 영작문 실수들

Konglish인 줄 모르고 사용하는 Konglish 4

잘못된 표현
: notebook

올바른 표현
: laptop (computer)

2. 공지문 *Notice*

교신 채널 변경

Changing of Communication Channel

First of all, I would like to thank you for your ***unsparing*** [1] support and ***courtesies*** [2] extended to us so far.

According to general ***reshuffle*** [3] ***effective as*** [4] at January 1, 2020, Mr. Gentleman Kim was assigned to take over my position of Contract Management Dep't. Thus you are kindly requested to send all the correspondences from your side as described below.

> Mr. Gentleman Kim / General Manager
> Contract Management Dep't
> Happy Heavy Industries.
> 1 Haengbok-dong, Ulsan, Korea
> Tel. : (+82)(52)-123-45671 (***remain unchanged*** [5])
> Fax. : (+82)(52)-123-5678 (remain unchanged)

I would like to renew my sincere appreciation on your continuous cooperation during the past years and ask you to do the same for Mr. Gentleman Kim.

Wishing you all the best in the coming year, I remain,

Best regards,

B. K. Kang
Contract Management Department

주1) 아낌없는

주2) 호의

주3) 조직개편

주4) ~부로 유효한

주5) 변경사항 없음

본문 해석

커뮤니케이션 채널 변경

우선, 귀하의 그 동안의 아낌없는 지원과 호의에 감사드립니다.

2020년 1월 1일부 정기 조직 개편에 따라, Mr. Gentleman Kim이 계약운영부에서 제 지위를 넘겨 받게 되었습니다. 따라서 향후 모든 교신은 아래에 기술된 내용대로 보내 주시기 바랍니다.

> Mr. Gentleman Kim / 부장
> 계약운영부, Happy 중공업
> 대한민국 울산시 행복동 1번지
> 전화 : (+82)(52)-123-4567 (변동없음)
> 팩스 : (+82)(52)-123-5678 (변동없음)

그 동안 보내 주신 지속적인 협조에 감사드리며, Mr. Gentleman Kim에게도 동일하게 부탁드립니다.
다가오는 새해에 복 많이 받으세요.

강보경 드림
계약운영부

Speed Restriction

First of all, we would extend our sincere gratitude for your constant support and cooperation as ever.

Further to Happy Heavy Industries campaign called 'Corporate Slow City' which started in 2018, we would like to remind you that speed restriction in our premises is less than 30km/h for cars and motorcycles. Our executives and managers take the initiate and set an example to lead desirable changes in the expectation that it will spread to all employees eventually.

In this term [1], we would ***cordially*** [2] recommend our clients and partners, who drive cars inside the company, to ***abide by*** [3] our regulation. The speed limit in our premises is 30km/h as you have already been notified.

Your understanding and support to the above will be highly appreciated.

Best regards,

B. K. Kang
Contract Management Department

주1) 이런 관점에서

주2) 정중하게 권유. 초대 할 때 사용

주3) 준수하다

본문 해석

속도 제한

평소 한결 같은 지원과 협조에 감사 드립니다.

2018년도부터 실시하고 있는 Happy 중공업의 'Slow City 기업' 캠페인과 관련하여, 당사의 차량 및 오토바이 제한 속도는 시속 30km 이하임을 환기시켜 드립니다. 당사 경영층에서는 이 계획이 바람직한 변화를 위한 모범 사례로 삼고자 기대하고 있으며, 궁극적으로는 전 직원에게 전파될 것입니다.

이런 관점에서 사내에서 운전을 하는 저희 고객과 파트너사에 대해서도 해당 규정을 준수하기를 권유 드립니다. 사내에서 시속 30km의 속도 제한은 기 공지 되었습니다.

귀하의 양해와 지원을 당부 드립니다.

강보경
계약운영부

교통 단속 강화

Intensive Control for Violators of Traffic Safety Rules

First of all, we appreciate your constant support and cooperation.

We've promoted "Corporate Slow City" from September last year to raise safety culture, for which people slow down their speed both on the road and in the workplace. In spite of our effort to promote this campaign, traffic accidents have recently occurred in frequent **succession** [1] within the Yard due to violation of traffic safety rules.

You are kindly requested to become **well-acquainted** [2] with the details for **rigid** [3] enforcement of regulations as below.

1. Schedule
   - Guidance/**Enlightenment** [4] : By the end of April, 2020
   - **Intensive Control** [5] : From 1st May, 2020

2. Subject of Control
   - To commit a violation for regulated speed
     (below 30km/h)
   - Not to attach license plate & registration cert. issued
     by relevant departments
   - Not to wear helmet for bicycle/motorcycle
     during commute
     (* Safety helmet is mandatory to wear while riding
     bicycle/motorcycle at the yard in duty hours.)
   - To use cellphone/earphone and smoking while walking
     along the road
   - Motorcycle making thundering noise and excessive
     emissions

3. The way of crackdown
   - Time : commute and duty hours
   - Place : whole main road in the Yard
   - Check whether or not the license plate & registration
     cert. is posted on parked bicycle/motorcycle

Your sincere understanding and attention to observe the above rules would be highly appreciated.

Best regards,

B. K. Kang
Contract Management Department

주1) 계속됨

주2) 숙지한

주3) 엄격한

주4) 계도기간

주5) 집중단속

본문 해석

교통 안전 수칙 위반 집중 단속

평소 한결 같은 지원과 협조에 감사드립니다.

저희는 작년 9월부터 안전 문화 고취를 위해 도로 및 작업장 내에서의 속도 줄이기 운동인 'Slow City 기업' 캠페인을 홍보해 왔습니다. 이런 노력에도 불구하고, 야드 내에서 교통 수칙 위반으로 인한 사고들이 계속적으로 빈번하게 일어나고 있습니다.

엄격한 규정 강화에 대한 하기 상세 내용을 숙지하여 주시기 바랍니다.

1. 일정
 - 안내 및 계도기간 : 2020년 4월 말까지
 - 집중 단속 : 2020년 5월 1일부터

2. 단속 대상
 - 규정 속도 위반 시 (시속 30km 이하)
 - 번호판 및 등록증 미부착 시
 - 출근 시 자전거/오토바이 헬맷 미 착용 시
   (자전거/오토바이 운전 중 안전모 착용은 사내, 업무 시간에 한해서만 허용됨)
 - 보행 중 휴대폰, 이어폰 착용 및 흡연 시
 - 오토바이 소음 유발 및 과도한 배기가스 배출 시

3. 단속 방법
 - 시간 : 출퇴근 시간 및 업무 시간
 - 장소 : 야드 내 전 도로구간
 - 주차된 자전거/오토바이에 대한 번호판 및 등록증 부착상황 점검

귀하의 이해와 상기 규정 준수를 위한 주의를 당부 드립니다.

강보경
계약운영부

화재 대피 훈련

Emergency Fire Drill

First of all, we would extend our sincere gratitude for your constant support and cooperation.

We would advise you that Emergency Fire Drill will be carried out according to the detailed schedule as below. The purpose of this drill is the practice of quick firefighting at early stage and prompt action of evacuation.

1. **Time & Date :** 11:20~11:40am on July 16, 2020

2. **Procedure and Plan**
   - Outbreak of the fire and ringing the fire alarm
   - Evacuating along the emergency exit route and assemble to **muster area** [1]
   - **Grasping** [2] the number of persons gathered at muster area
   - End of Emergency Fire Drill

3. **Attached**
   - Emergency Exit Map & Route

Your sincere understanding and participation to its drill will be highly appreciated.

Best regards,

B. K. Kang
Contract Management Department

주1) 대피 후 모이는 장소

주2) (인원수 등을) 파악하기

본문 해석

비상 시 화재 훈련

평소 한결같은 지원과 협조에 감사드립니다.

하기 일정에 따라 긴급 화재 훈련이 실시될 예정임을 알려 드립니다. 본 훈련의 목적은 조기 화재 진압 및 신속한 대피를 위함입니다.

1. 일시 : 2020년 7월 16일 오전 11:20 ~ 11:40
2. 절차 및 일정
   - 화재 발생 및 경보 울림
   - 대피로를 따라 대피하여 지정된 대피 장소에 집결
   - 대피 장소에 모인 인원수 파악
   - 훈련 종료
3. 첨부
   - 대피 루트 및 안내도

귀하의 이해와 동 훈련에 대한 참가를 부탁드립니다.

강보경
계약운영부

Holiday Notice

On the occasion of [1] Chu-Seok, Korean Thanksgiving Day, which falls on 30th September, 2020, our company will be off from 30th September through 5th October, 2020 and start working from 6th October, 2020.

During the holiday, you may send us daily correspondence as usual, while our replies thereto will be served to you after the holiday.

In the meantime, some production work either at our company or our subcontractors' premises will continue if necessary to keep up with construction progress and accordingly your site office may be requested to be present at inspections.

For the details of inspection items and schedules, QM personnel in charge will contact your site office in due course.

We look forward to your continuous cooperation and also hope you will have a good time during the holiday.

Best regards,

B. K. Kang
Contract Management Department

주1) ~에 즈음하여

본문 해석

휴일 공지

2020년 9월 30일 추석(한국 추수감사절) 휴일을 맞아, 당사는 9월 30일부터 10월 5일까지 휴업하며, 10월 6일부터 업무를 재개합니다.

휴일 동안 평소와 같이 보내는 일상 교신문들에 대해서는 휴일 이후에 회신해 드리겠습니다.

한편, 당사 및 협력업체의 일부 작업은 건조 공정 준수를 위해 필요 시 계속될 수 있으며, 선주측 검사도 필요시 요구될 수 있습니다.

검사 항목과 일정은 QM에서 적의 통보해 드릴 예정입니다.

변함없는 협조를 당부드리며, 즐거운 휴일 보내시기 바랍니다.

강보경
계약운영부

주차 규정 준수

Comply with Parking Restriction

First of all, we would like to extend our sincere gratitude for your constant support.

Please be advised that ***double-parking*** [1] on the ground floor and parking near the entrance at every floor of the Parking Building is prohibited.

We enclose herewith the violation case at entrance of the ground floor in Parking Building.

Your kind cooperation with the above would be highly appreciated.

Best regards,

B. K. Kang
Contract Management Department

주1) 이중 주차

본문 해석

주차 규정 준수

먼저 평소 협조에 진심으로 감사드립니다.

주차 빌딩 1층에서의 이중 주차 및 모든 층의 출입구 측 주차는 금지되어 있음을 알립니다.

주차 빌딩 1층 입구쪽 주차 위반 사례를 첨부해 드립니다.

상기에 대한 협조를 당부 드립니다.

강보경
계약운영부

HHI Security Regulations for Gate Pass

We would like to extend our sincere gratitude for your constant support to Happy Heavy Industries security regulations.

We would inform you what our regulations on those of gate passes at every gate of Happy Heavy Industries are as follows.

In case of walking
- To wear the gate pass so that it is visible

In case of driving
- Driver to wear the gate pass in addition to the car gate pass on the car.
- ***Fellow passengers*** [1] should also wear gate passes.
- Fellow visitors without gate passes must get a temporary gate pass at gate and wear it.

From 1st November 2020, random checks at the gates will restrict entry to our company to anyone without a gate pass.

Your kind attention to observe the above regulations would be appreciated.

Best regards,
B. K. Kang
Contract Management Department

주1) 동승자

본문 해석

HHI 출입증 보안 규정

평소 Happy 중공업의 보안 규정 준수에 협조에 주셔서 감사 드립니다.

당사의 모든 출입문에서의 출입 규정을 아래와 같이 알려 드립니다.

도보 출입 시
- 출입증이 보이도록 패용할 것

차량 출입 시
- 차량에 차량용 출입증이 부착되어 있더라도 운전자는 출입증 패용할 것
- 동승자 또한 출입증 패용할 것
- 출입증이 없는 동승자는 출입문에서 임시출입증을 발급받아 패용할 것

2020년 11월 1일부터 무작위로 출입증 검사를 실시할 예정이며 위반 시 출입에 제한을 받게 될 것입니다.

상기 규정에 대한 준수를 당부 드립니다.

강보경
계약운영부

출입증 분실 관련 규정

Treatment Guidance for Loss of RFID Card

First of all, we would like to extend our sincere gratitude for your constant support and cooperation.

We would advise you of some changes to our regulations on loss of RFID Card as below in order to reinforce security management.

If you lose your RFID Card
- First Loss :
  Verbal warning but reissue the RFID Card with no extra cost
- Second Loss :
  Must draw up explanatory statement for its loss and a charge for reissue will be imposed
- More than *thrice*[1] Loss :
  notify your company's headquarters of your loss with a *pledge*[2] written by you and a charge for reissue

Cost for reissuing of RFID Card when you lose it more than twice
- RFID Card : KRW 10,000
- Gate pass strap & Case : KRW 10,000

We look forward to your continuous cooperation and hope you will well follow our regulation.

Best regards,
B. K. Kang
Contract Management Department

주1) 세 번째

주2) 서약서

본문 해석

RFID 카드 분실 처리 규정 안내

먼저 평소 협조에 진심으로 감사드립니다.
보안관리 강화를 위한 RFID 카드 분실에 대한 일부 규정 변경을 아래와 같이 알려 드립니다.

RFID 카드 분실 시
 - 최초 분실 : 구두 경고 후 무상으로 재발급
 - 두번째 분실 : 분실사유서 징구 및 재발급 비용 징구
 - 3회 이상 분실 시 : 서약서와 함께 본사 통보 및 재발급 비용 징구

2회 분실 시 RFID 카드 재발급 비용
 - RFID 카드 : 10,000원
 - 스트랩 및 케이스 : 10,000원

계속적인 협조를 당부 드리며, 상기 규정에 대한 준수를 당부 드립니다.

강보경 드림
계약운영부

행사 취소 공지

Notice for Event Cancellation

We regret to inform you that this year's Spring Festival scheduled to take place on 17th May has been cancelled. We apologize for this ***sudden notice*** [1)] of cancellation and would appreciate your kind understanding.

As you may be well aware, the whole nation is ***mourning*** [2)] the tragic earthquake, the worst disaster in our nation's recent history. All across the country, various government and private events have been cancelled in an ***outpouring*** [3)] of support and sympathy for the families of the victims.

Under the prevailing national sentiment of grief [4)], we have decided to join the nation-wide expression of condolences by cancelling this year's Spring Festival. We are sorry that such ***abrupt*** [5)] cancellation of the annual event might bring disappointment to you. We would appreciate your kind understanding.

Best regards,

B. K. Kang
Contract Management Department

주1) 갑작스런 통보

주2) 애도하는

주3) 쇄도

주4) 온 나라가 슬픔에 빠진 상황인 바

주5) 갑작스런

본문 해석

행사 취소 통보

5월 17일에 실시 예정이었던 올해 Spring Festival 행사가 유감스럽게도 취소되었음을 알려 드립니다. 갑작스런 취소 통보를 드려 죄송하며 양해를 구합니다.

주지하시는 바와 같이, 국가 역사상 최악의 재난이었던, 비극적인 지진에 대해 온 나라가 애도하고 있습니다. 온 나라에서, 정부 및 민간 행사가 취소되고 있고, 희생자에 대한 지원과 위로가 쇄도하고 있습니다.

온 나라가 슬픔에 빠진 상황인 바, 올해의 Spring Festival 행사를 취소함으로써 전국적인 조의 표현에 동참하기로 결정하였습니다. 하지만 이런 갑작스런 취소로 인한 여러분의 실망이 우려됩니다. 여러분의 양해를 부탁드립니다.

강보경
계약운영부

태풍 1차 공지 (발생/예보)

Notice of Typhoon Occurrence

Regarding 7th typhoon 'SSAENG' occurred today, please note that the ***Korean Meteorological Administration (KMA)*** [1] predicts that the South-East area of the Korean peninsula including our shipyard will go into the ***sphere*** [2] of the indirect influence of the typhoon after the weekend and the influence of SSAENG with heavy rain will last for a couple of days (Please refer to the weather forecast as shown in the following web site).

http://www.kma.go.kr/eng/weather/typoon/SSAENG.jsp

For your information, please be advised that we may take action, ***when it is deemed necessary*** [3] for the safety aspect, that no one may go on-board the vessels moored at our quays and have access to the vessels being built at our dry docks by reason of strong wind and heavy rain caused by the typhoon.

We will carefully watch the course of the typhoon and keep you posted.

Best regards,

B. K. Kang
Contract Management Department

주1) 기상청

주2) 영역

주3) 필요하다고 판단될 시

본문 해석

태풍 발생 공지

금일 발생한 7호 태풍 '쌩'과 관련, 기상청에서는 당사를 포함한 한반도 동남쪽이 주말 이후 태풍의 간접 영향권에 들어갈 것이라고 예고하였으며 태풍의 영향으로 인한 집중 호우가 며칠 계속될 것이라 합니다. (아래 웹사이트의 기상예보를 참고하시기 바랍니다)

http://www.kma.go.kr/eng/weather/typoon/SSAENG.jsp

참고로, 안전을 위해 필요하다고 판단 시, 태풍으로 인한 강한 비바람으로 인해 계류된 선박 및 도크 내 건조 선박 일체에 대한 접근을 제한할 수 있습니다.

주의깊게 태풍의 경로로 지켜볼 예정이며, 계속 업데이트 해 드리겠습니다.

강보경
계약운영부

태풍 2차 공지 (종료후)

Force Majeure Notice - Typhoon SSAENG

Reference is made to our previous email of July 10, 2020 regarding the subject notice of typhoon.

We notify you that the typhoon passed the Ulsan area last night and we have **resumed** [1] the normal operation from this morning.

In this regard, we would like to advise you that **pursuant to** [2] Article VIII of the Contract, the Force Majeure event on account of Typhoon has occurred.

Force Majeure Event Period
- From July 10, 2020 to July 13, 2020
Reason of delay
- Influence of Typhoon SSAENG
Information about the typhoon
- http://www.kma.go.kr/eng/weather/typoon/SSAENG.jsp

We are currently analyzing whether there is any **adverse impact** [3] on the construction progress incurred by this typhoon. We will give you a further notice with the relevant impact, if any, as per the Contract.

Best regards,

B. K. Kang
Contract Management Department

주1) 재개하다

주2) ~에 따라

주3) (부정적인) 영향, 충격

본문 해석

태풍 발생 경과 공지

태풍 관련 지난 2020년 7월 10일자 이메일과 관련한 사항입니다.

태풍은 지난 밤 울산지역을 지나갔으며, 오늘 아침부터 정상 조업을 재개하였음을 알려 드립니다.
이에 계약서 Article VIII항에 따라, 태풍으로 인한 Force Majeure 이벤트가 발생했음을 알려 드립니다

Force Majeure 이벤트 기간
- 2020년 7월 10일 ~ 13일
지연 사유
- 태풍 '쌩' 영향
해당 태풍 정보
- http://www.kma.go.kr/eng/weather/typoon/SSAENG.jsp

현재 태풍에 따른 공정 영향이 있는지 분석 중에 있습니다. 계약에 따라 해당 영향이 있을 시 추가로 통보해 드리겠습니다.

강보경
계약운영부

COVID-19 예방 대책 (발생 초기)

Date: February 7, 2020

Preventive action against COVID-19

Amid [1] the outbreak of coronavirus, which is spreading worldwide, Happy Heavy Industries is taking following actions to protect its property, employees and site members.

1) HHI prohibits visitors with fever over 37.5 Celsius who have traveled to China in the last 2 weeks period from entering Happy Heavy Industries.
2) We recommend that site members not visit China and stay at home for 2 weeks if you have **inevitable** [2] business trip to China.
3) Thermal imaging scanning is conducted for visitors when entering the premises

Especially for those members who have visited China, it is **imperative** [3] that you should follow steps as recommended by Korea Centers for Disease Control and Happy Heavy Industries. If you have fever or show other symptoms after visiting overseas countries (especially China), please call company hospital at 052-123-4567 and follow the instructions.

Your kind understanding is very much appreciated.

Best regards,

B. K. Kang
Contract Management Department

주1) (흥분, 공포심 등 이느끼지는) 가운데에 = amidst

주2) 필수적인

주3) 반드시 해야 하는

본문 해석

COVID-19 예방 대책

일자 : 2020년 2월 7일

발생 후 전 세계적으로 번지고 있는 코로나바이러스 상황 하에서, Happy 중공업은 당사 자산과 임직원 및 선주를 보호하기 위하여 다음과 같은 조치를 취하고자 합니다.

1) 최근 2주 내 중국을 방문한 후 섭씨 37.5도 이상의 발열이 있는 자는 당사의 출입을 금지합니다
2) 선주측의 중국 방문 자제를 권고하며, 불가피하게 중국 출장을 다녀왔을 경우 2주간 자택에서 대기할 것을 권고합니다.
3) 당사 출입자에 대해 열화상 카메라 감지를 실시합니다.

특히, 중국 방문자에 대해서는 당사 및 한국질병관리본부의 권고사항을 반드시 준수해야 합니다. 해외 국가 (특히 중국) 방문 이후 발열 혹은 다른 증상이 발현되었을 경우, 사내 병원 052-123-4567으로 전화하시고 지시에 따라 주시기 바랍니다.

상기 건에 대한 양해를 당부 드립니다.
강보경
계약운영부

COVID-19 예방 대책 (심각단계 격상시)

Date: February 24, 2020

Preventive action against COVID-19

Further to the notice concerning COVID-19 dated February 7, 2020, we would like to inform you of reinforced **preemptive** [1] actions and **measures** [2] to be taken as follows since the COVID-19 virus has been **confirmed** [3] in 17 major provinces and cities in Korea, including Ulsan and the government authority has raised the virus alert level to 'Serious', the highest in **the four-tier system** [4].

1) **Thermal imaging scanning** [5] is implemented for members coming into the company to prevent personnel (including personnel in vehicles) with fever from entering the premises and all members should follow instructions in doing so.
2) No visitors are allowed from February 24, 2020
3) Members **are urged not to** [6] visit China
4) Disinfection work in the Site Office Building will be carried out more often.
5) All members should wear masks at all times.
6) If there is any confirmed case of COVID-19, there could be a temporary closure for the related personnel and offices, scale of which will be determined by the Korea Center for Disease Control and Prevention (KCDC).
7) Company dining facilities will be on **4 tier rotation system** [7] every 30 minute from 11:30 to 13:30 and members should not sit face to face at tables.

Meanwhile, we strongly recommend that all members not to travel or visit to local cities and provinces with confirmed cases and other countries, including Japan, Singapore, Malaysia, Vietnam, Thailand and Taiwan as well as Daegu, Kyungpook province. Preventive control measures need to be taken after traveling arears mentioned. If you show fever or other symptoms, please call company hospital at 052-123-4567 or General Situation Room at 052-123-5678.

Your acknowledgement of his notification would be appreciated.

Best regards,

B. K. Kang
Contract Management Department

주1) 선제적인

주2) 조치방안

주3) 확진자가 발생한

주4) 4단계

주5) 열화상 감지기

주6) ~해서는 안된다

주7) 4번으로 나누어 교대 하는 방식

본문 해석

COVID-19 예방 대책

일자 : 2020년 2월 24일

COVID-19와 관련한 2020년 2월 7일자 공지문에 이어, 다음과 같은 강화된 예방조치가 시행될 예정임을 알려 드립니다. COVID-19 확진자가 울산을 포함한 국내 17개 시도에서 발생하였기 때문에 정부 당국에서는 감염병 주의 단계를 4단계 중 최고 단계인 '심각'으로 격상하였습니다.

1) 발열이 있는 사람(차량 탑승자 포함)의 당사 출입 방지를 위해, 당사에 출입하는 모든 이에 대한 열화상 카메라 촬영 실시하니 해당 지시에 따라야 합니다.
2) 2020년 2월 24일부로 회사 방문을 불허합니다.
3) 중국에 대한 방문이 금지됩니다.
4) Site Office 건물에 방역은 더 자주 실시합니다.
5) 모든 사람은 항시 마스크를 착용해야 합니다.
6) COVID-19 확진자가 발생할 경우, 해당 확진자와 관련된 사람 및 사무실은 임시 폐쇄되며, 폐쇄 범위는 질병통제센터(KCDC)가 결정합니다.
7) 사내 식당은 11:30분부터 13:30분까지 30분 단위 4개 그룹 교대제로 실시되며, 테이블에서는 서로 마주 보고 앉아서는 안 됩니다.

한편, 확진자가 발생한 국내 시도와 해외 국가 즉, 일본, 싱가포르, 말레이시아, 베트남, 태국, 대만 및 대구 경북 지역을 방문하지 않도록 강력히 권고합니다. 상기 지역을 방문하게 될 경우에만 예방 통제 절차를 따라 주시기 바랍니다. 발열 혹은 다른 증상이 발현되었을 경우, 사내 병원 052-123-4567 또는 종합상황실 052-123-5678로 전화하시기 바랍니다.

강보경
계약운영부

⌨Tip 흔히 하는 영작문 실수들

Konglish인 줄 모르고 사용하는 Konglish 5

잘못된 표현
: quick service

올바른 표현
: courier service

COVID-19 추가 공지 (흡연실 및 샤워실 폐쇄)

Date: February 24, 2020

Closure for Shower room and Smoking room

We would like to extend our sincere gratitude for your kind support and cooperation.

This is to draw your attention that [1] all the shower rooms in Happy Heavy Industries (including one on the 4th floor in the Site Office Building) and the smoking room on the 6th floor in the Site Office Building, will be closed for ***indefinite period of time*** [2] as a preemptive action to reduce the risk of contagion from COVID-19. In this regard, you are kindly requested not to use them until further notice.

Apologizing for causing you inconvenience, your kind understanding and cooperation on the above would be much appreciated.

Best regards,

B. K. Kang
Contract Management Department

주1) ~하도록 주의를 당부드립니다.

주2) 무기한으로, 잠정

본문 해석

샤워실 및 흡연실 폐쇄 통보

일자 : 2020년 2월 26일

평소 협조와 지원에 진심으로 감사드립니다.

Happy 중공업 내 모든 샤워장(Site office 건물 4층 포함)과 Site Office 건물 6층의 흡연실이 COVID-19 전염 위험을 줄이기 위한 예방 조치로서 잠정 폐쇄되오니 주의를 당부드립니다. 따라서, 추가 통보가 있기 전까지는 사용하지 않도록 당부 드립니다.

불편을 끼쳐 드려 죄송하며, 상기에 대한 이해와 협조를 당부 드립니다.

강보경
계약운영부

COVID-19 추가 공지 (선주실 방역)

Date: March 3, 2020

Disinfection Work in the Site Office Building

Please be informed that there will be ***disinfection work*** [1] at the Site Office Building to prevent the COVID-19.

Date	Hour	Place
March 7, 14 and 21 (Saturdays)	Whole day	Entire building

※Precautions
- Since disinfection work is to be carried out on human hand contact surfaces (desk, chair, door and floor etc.), please arrange office items, personal items and food etc. accordingly so as not to be affected ***in a harmful way*** [2].
- Some ***antiseptics*** [3] may remain after disinfection work (normal ***evaporation*** [4] with 1 hour)

During this time, your office will be entered by the worker(s) and you are requested not to stay in your office until 1 hour after the disinfection work.

Your kind understanding and cooperation would be appreciated
Best regards,

B. K. Kang
Contract Management Department

주1) 방역작업

주2) 피해가 가는

주3) 소독제

주4) 증발

본문 해석

Site Office 건물 방역 실시 건

일자 : 2020년 3월 3일

COVID-19 예방을 위해 Site Office 건물에 대한 방역 작업을 실시합니다.

날짜	시간	장소
3월 7, 14, 21일 (토)	전일	건물 전체

※당부사항
- 방역작업은 사람 손이 닿는 곳 (책상, 의자, 문, 바닥 등)에 실시될 예정인 바, 사무 용품 및 개인 용품, 음식 등에 피해가 가지 않도록 적절한 조치 바랍니다.
- 일부 소독제 성분은 방역 작업 후에도 남을 수 있습니다 (통상 증발에 1시간 소요)

상기 동안, 당사 작업자가 사무실로 출입 예정이며 사무실을 비워 주시기 바랍니다.
상기에 대한 이해와 협조를 당부 드립니다.

강보경
계약운영부

동료가 겪었던 영어 관련 해프닝

약 15년은 훌쩍 넘은 에피소드입니다. 설계실에 근무하다 보니 선주와 교신을 주고 받는 일이 많았습니다. 도면 승인을 보내고 Comment에 대한 답신을 주고 받는 업무가 큰 비중을 차지했고, 당시에는 지금처럼 메일로 보내고 받는 시스템이 이루어지지 않아 문서를 작성하여 결재를 받아 팩스로 보낸 후 다음 날 아침에 출근하면 팩스실로 먼저 뛰어가서 회신이 왔는지 마음 졸이며 확인하곤 하던 시절이었습니다.

그러던 어느날, 현장에서 오작이 발생하여 선주에게 개정도 승인을 받으러 갔는데 사이트에 있는 감독관이 본인이 결정하기 어려우니 본사(그리스)로 개정도를 보내서 승인을 받으라고 했습니다. 이런 상황은 지금도 마찬가지로 종종 있는 일이었으나, 당시는 정말 시간을 다투는 긴급한 상황이었습니다.

같은 파트 후배 사원에게 선주에게 긴급승인 요청 문구를 표지에 적어서 개정도 승인을 보내라고 말하고는 팀장에게도 즉시 팩스를 보내겠다고 보고했습니다. 개정도 앞에 표지를 첨부해서 'Urgent!!!'라는 문구 크게 적고 나머지는 표준 문구에 따라 도면번호만 적으면 되는 일이었으니 다들 크게 신경을 쓰지 않았습니다.

모든 게 준비되어 팩스를 보내려 팩스실로 뛰어가려는 후배 사원에게 팀장께서 그냥 긴급 말고 "초긴급"이라고 문구를 수정해서 보내라는 지시를 하고는 회의를 가셨고, 후배사원도 "넵!!"하고는 다시 자리로 돌아가 표지에 썼던 문구를 수정해서 팩스를 보내고 왔다며 자랑스럽게 보고했습니다.

보통 그리스는 시차도 있고 선주 특성상 우리 문제로 인한 개정 사항에 대한 회신을 빨리 안 해주기로 유명한데 다음날 아침 바로 Accept 라고 회신이 왔습니다. 우리가 보낸 팩스에 Accept 도장이 찍혀 회신 온 팩스를 자랑스럽게 보여주는 후배 사원을 칭찬하려는 순간...표지 상단에 커다랗게 확대되어 느낌표를 세개나 찍은 문구가 눈에 확 들어 왔습니다.

'Top Agent !!!' ㅠㅠ

그 날 이후.. 그 후배의 별명은 '최고 비밀요원'으로 불렸고, 뒷날 사이트 매니저에게 들은 말은 본사에서 팩스 문구를 보고 진정(!)으로 긴급함을 인지하고 승인을 해주었다고 웃으며 말해 주었습니다. 물론 그 후배는 지금은 설계실에서 잘 나가는(!) 부장으로 후배들을 잘 가르치고 휘어 잡고 있답니다.^^

2. 기타 양식들 *Other Forms*

미팅메모 1

MINUTE OF MEETING	ABC LNGC SHIPBUILDING PROJECT		Minuted by : B.K. Kang
			Ref. No. : ABC-MOM-0123
Location : ABC-MOM-0123	**Date of Meeting :** 5th June 2020		
Attendees :	**ABC Shipping**	**HHI**	
	As per attendant list below	As per attendant list below	
Subject :	**8th Project Management Meeting**		

John Smith Site Manager	**B.K. Kang** Project Manager

Items		Discussions	Action by	Remark/Due Date
1.0 General	1.1 Progress	Progress	Info	
	1.2 Main Event	Keel Laying will be carried out on 17th May.	HHI	by 17th May

Items		Discussions	Action by	Remark/Due Date
2.0 Issue	2.1 Issue A		ABC	
	2.2 Issue B		HHI	

Attendant List

Company / Department		Name	Title
ABC			
HHI			

미팅메모 2 (합의서 포맷)

MEMORANDUM OF MEETING

With regard to the **A issue** [1] (hereinafter called the "Issue"), **BEAUTIFUL SHIPPING** [2] (hereinafter called the "BUYER"), **HAPPY HEAVY INDUSTRIES CO., LTD** [3]. (hereinafter called the "BUILDER") for the construction of **one (1) unit of 319,000 DWT class Crude Oil Carrier** [4] having the BUILDER's **Hull No. 1234** [5], both parties hereby have agreed as follows :

1. .

2.

3.

4. .

5.

IN WITNESS WHEREOF, the parties hereto have caused this Memorandum to be duly executed on this 17th day of December, 2020.

For and on behalf of
The Buyer

For and on behalf of
The Builder

By   : _____

Name :

Title   :

By   : _____

Name :

Title   :

주1) 미팅 안건

주2) 선주사

주3) 조선소

주4) 선종

주5) 선번

파견명령서

DISPATCH LETTER

To   : **Happy Heavy Industries** [1]
         1, Haengbok-dong, Dong-Ku, Korea [2]
Attn   : **Mr. B. K. Kang** [3] / General Manager
         Contract Management Dep't

Re.   : **Hull No. 1234** [4], Appointment of Buyer's Representative

Dear Sir,

We are pleased to advise you that **Mr. So Diligent** [5] is hereby appointed to your shipyard in the capacity of the Buyer's Site Representative in charge of **Paint** [6] and in this respect, we undertake to guarantee our responsibility for all behavior and financial matters regarding this representative and his family during their stay in Happy Heavy Industries **from January 1, 2019 to September 30, 2021** [7].

1. His personal details
    Family name   : So
    Given name   : Diligent
    Date of Birth   : July 31, 1981
    Nationality   : Korea
    Passport Number   : M12345678
    Marital Status   : Married

2. His wife
    Family name   : So
    Given name   : Nice
    Date of Birth   : June 23,1985
    Nationality   : Korea
    Passport Number   : M13579212

3. Son (Daughter)
    Family name   : So
    Given name   : Cute
    Date of Birth   : April 6, 2009
    Nationality   : Korea
    Passport Number   : N/A

Yours faithfully

For and on behalf of Wonderful Shipping

By   : _____
Name :
Title   :

주1) 조선소명

주2) 조선소 주소

주3) 조선소 담당자명

주4) 선번

주5) 파견대상자 이름

주6) 담당 업무

주7) 파견 기간

영문이력서 (선주감독직 지원용)

CURRICULUM VITAE

사진

Name in full   : Bokyung Kang
Date of Birth   : 5th June, 1974
Address   : 123-4567 Haengbok Apartment
     Seobu-dong, Dong-gu, Ulsan, Republic of Korea
ID Number   : 123456-123456
Position   : Hull Supervisor (Supervision / Coordinator)
Qualifications   : Industrial engineer shipbuilding No. 7812010
Contact   : Telephone   +82 52 123 4567
     Mobile   +82 (0)10 1234 5678
     e-mail   abc@hhi.co.kr (abc@naver.com)
Education   : Entered Haengbok University in March, 1993
     Majored Naval architecture
     Graduated from above University with Bachelor's
     degree in February, 1999

1. CAREER BACKGROUNDS [1]
Have worked at Shipbuilding Division at Happy Heavy Industries Ulsan, Korea for 22 years. My professional experiences are as follows ;

  - Four (4) years of experience at Project Management Department as a project manager for new building of over 15 vessels with variety of works from work commencement to delivery of the vessels

  - More than twenty (15) years of experience at Production Department (hull, outfitting) as an engineer and a manager for new building of various kinds of vessels including MOSS type LNG Carrier.

  - Nine (9) years of experience in Hull and Outfitting Design Department as a designer

2. WORK EXPERIENCE [2]
Jan. 2015 ~ Jan. 2020 (for 4 years) ;
Have worked at Contract Management Dep't of Shipbuilding Division, Happy Heavy Industries for the following Projects ;

163

- Project manager of 105K DWT Product Carrier
  for A Shipping (Hull Nos. 1234/5)
- Project manager of 319K DWT VLCC
  for B Shipping (Hull Nos. 4567/8)
- Project manager of 13,800 TEU Container Carrier
  for C Shipping (Hull Nos. 2222~9)
- Project manager of 82K CBM LPG Carrier
  for D Shipping (Hull Nos. 3333/4)

Sep. 2010 ~ Dec. 2015 (for 5 years)
Worked at Hull and Outfitting Production Department for the works at dock stage, Pre-outfitting and Hull Construction Departments for the works at block stage for many different kinds of vessel as a senior manager and an engineer as follows ;

- Hull erection work at dock stage including LNG carrier
- Tank testing and dimension inspection including LNG carrier
- Hull Pre-erection work including LNG carrier
- Hull outfitting work at dock stage (piping and steel outfitting)
- E/R outfitting work at dock stage (piping and steel outfitting)
- Machinery installation work at dock stage
- Propeller and shaft installation
- Pre-outfitting work at block stage
- Module unit assembly
- Quality control management
- HSE management
- Schedule control and management

July 2000 ~ Aug. 2010 (for 10 years)
Worked at Hull and Hull Outfitting Design Department as a designer

- Designing work for hull and hull outfitting
- Making technical building specification
- Purchase order requisition of steel material & hull outfitting
- Establishing design standard

3. LANGUAGE ABILITY
Good command of spoken and written English and Japanese

4. COMPUTER LITERACY
Proficient at documentation work using Microsoft Word, EXCEL and PowerPoint etc.

I hereby declare that all statements above are true.

on 5th June, 2020

by Bokyung, Kang

우수근로자 공로패

Appreciation Plaque

Presented to
Kim So-Diligent

In commemoration of the naming ceremony of
Builder's Hull No. 1234 '**Big Challenge**',
we deeply appreciate that you have made
unsparing efforts with dedication and enthusiasm for
the successful completion of the ship.

We gratefully offer this plaque to you
from our whole hearts.

May 23, 2020

BEAUTIFUL SHIPPING CO., LTD.

수석감독 감사패

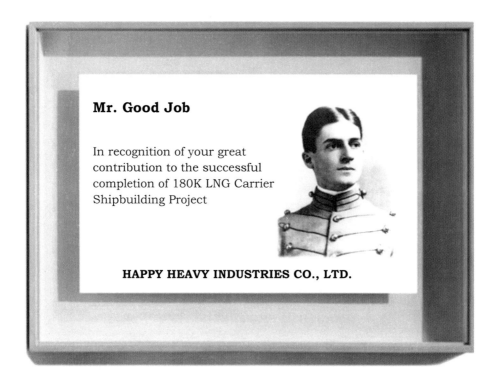

Mr. Good Job

In recognition of your great
contribution to the successful
completion of 180K LNG Carrier
Shipbuilding Project

HAPPY HEAVY INDUSTRIES CO., LTD.

감사 레터로 보낼 경우

Dear Mr. Perfect Man,

This is cordially presented as a token of our warmest gratitude for your
valuable support and excellent cooperation rendered to our company as
District Manager for ABC Class east Korea from 2017 to 2020.

We hope that your time at our company will remain with you as a pleasant
memory forever.

Sincerely yours,

명명식 환영사

WELCOMING ADDRESS

Gracious [1] ***Sponsor*** [2],
Mrs. Beautiful Lady,
Mr. Big Man, CEO of ABC Shipping,
and ***distinguished guests*** [3]!

First of all, I would like to thank you again for inviting us to the pre-naming dinner party yesterday.
It is my great pleasure and honor to welcome all of you to the naming ceremony of Hull No. 1234, the first one out of ten(10) 20,000 TEU Class Container Vessel ordered by our esteemed client ABS Shipping.

I would like to express my heartfelt gratitude to all the distinguished guests here. ***My special thanks go to*** [4] our gracious sponsor, Mrs. Beautiful Lady who will name and bless this vessel shortly.

Since the establishment of business relationship between ABC Shipping and our company in December 2002 by signing Contract for three(3) 319K DWT VLCC, an ***excellent spirit of collaboration*** [5] and goodwill under mutual trust has all the time prevailed between both parties.

We sincerely wish ABC Shipping will be leading liner company in the world by overcoming hard market situation under the excellent leadership of Mr. Big Man, CEO of ABC Shipping and hope this friendly business relationship between our two companies will continue for many years to come.

The ***magnificent*** [6] vessel in front of you has been built under the good combination of ABC Shipping's abundant operational expertise and our company's first class shipbuilding technology and also is the Largest Container Vessel which we have built so far.

Therefore, I am confident that she will successfully perform her intended service and contribute to the prosperity of ABC Shipping.

Last but not least, I would like to express my sincere appreciation to the Owner's supervision team ***headed by*** [7] Mr. Good Job and Class's surveyors for their excellent support and dedication to construct this quality vessel in time.

주1) 친애하는 (여자에게만 사용)

주2) 대모 (선박의 이름을 공식적으로 부여하는 사람) ※ 예외적인 경우를 제외하고는 선주사 CEO의 부인 등 여자가 수행함

주3) 내빈

주4) ~ 에게 특히 감사하다

주5) 훌륭한 협력정신

주6) 매우 멋진

주7) ~가 이끄는

I wish everyone of you to have a pleasant time during your stay in Ulsan.

Thank you very much.

본문 해석

환영사

친애하는 대모 Beautiful Lady님,
ABC Shipping사 대표이사 Big Man님,
그리고 내빈 여러분,

먼저, 어제 전야제 행사에 저희를 초대해 주셔서 다시 한 번 감사의 말씀을 드립니다.

오늘 ABC Shipping사로부터 수주한 10척의 2만 TEU급 초대형 컨테이너 운반선 중 첫 번째 선박인 1234호선의 명명식 행사에 오신 여러분을 진심으로 환영합니다.

여기 오신 내빈 여러분께 진심으로 감사의 말씀을 올립니다. 특히, 곧 본 선박을 명명해 주실 친애하는 대모이신 Beautiful Lady님께 각별한 감사를 표합니다.

Beautiful Shipping사와 2002년 2월 3척의 31만9천톤급 초대형 원유운반선의 계약을 체결을 통해 사업을 시작한 이후로, 양사 간에 상호 신뢰를 바탕으로 훌륭한 협력관계를 지속해 왔습니다.

우리는 ABC Shipping의 대표이사이신 Big Man씨의 탁월한 리더십에 힘입어 작금의 어려운 시황을 극복하고, ABC Shipping이 세계를 선도하는 Liner 선사로 거듭나기를 진심으로 기원하며, 양사 간의 우호적인 사업관계도 앞으로 변함없이 지속되기를 바라는 바입니다.

여러분 앞에 있는 훌륭한 선박은 ABC Shipping의 풍부한 선박운항 경험과 당사의 최고 수준의 선박건조 기술을 조화롭게 접목하여 건조되었으며, 당사에서 건조된 선박 중 최대 크기의 컨테이너 운반선입니다.

따라서, 본 선박이 본연의 임무를 성공적으로 수행하고 ABC Shipping의 번영에 기여할 것임을 믿어 의심치 않습니다.

끝으로, 본 선박을 적기에 최고의 품질로 건조하는 데 있어서 Good Job씨가 이끄는 선주사의 신조감독들과 선급 검사원들의 훌륭한 지원과 헌신에도 진심으로 감사를 표합니다.

울산에 계시는 동안 여기 계신 모든 분들이 즐거운 시간을 보내시길 바랍니다.

대단히 감사합니다.

명명식 MC 대본

Opening announcement

Good morning Ladies & Gentlemen,
We welcome all of you and thank you for your kind attendance to this naming ceremony.
Now, we will commence the naming ceremony for Happy Heavy Industries Hull No. 1234 for Wonderful Shipping.

Salute the national flags(anthem)

First, we will salute the national flags.
Ladies & Gentlemen, please stand up for the national anthems.
Thank you. Please be seated.

Addresses

Now, there will be a welcoming address.
Mr. Great Leader, President & CEO of HHI, will deliver a speech. Thank you.
Now, we are pleased to invite Mr. Rich Man, CEO of New Zealand Bank for a congratulatory speech. Thank you.
Last, we are pleased to invite Mr. Powerful Man, President & CEO of Wonderful Shipping for a commemorative speech.
Thank you.

Presentation of Appreciation Plaque

On the occasion of today's Naming Ceremony, Wonderful Shipping has prepared appreciation plaque for excellent workers of HHI.
    First to Worker A
    Next to Worker B
    Next to Worker C
    Next to Worker D
    Last to Worker E

Name Giving & Champagne Breaking

Ladies & Gentlemen, now as the highlight of today's ceremony, the ship is to be named by gracious sponsor.
We'd like to invite, Mrs. Beautiful Lady for the name giving. Please come to the naming tables.
Thank you & congratulations!
The ship is just named as 'Beautiful Carrier' by gracious sponsor.
Ladies & Gentlemen, this time, there will be a champagne breaking by gracious sponsor.

Naming Ceremony Closing

Ladies and gentlemen, as for this, we have come to the end of naming ceremony.
There will be commemorative group photo along side ship and the on-board tour will follow.
Thank you very much.

Opening of Luncheon

Ladies and gentlemen, may I have your attention please?
Before having lunch, we would like to invite Mr. Big Boss,
President & CEO of HHI for opening toast.
Please give warm welcome.
(건배제의 끝난 후) Thank you.
Ladies and gentlemen,
Enjoy the dishes.

Invitation of Toast from the Guest
(식사 중간 A 메뉴가 나올 때)

Ladies and gentlemen,
may I have your attention please?
We would like to invite Mr. Powerful Man, CEO of Wonderful Shipping for a toast.
Please give a warm welcome.
(연설 끝난 후) Thank you.

After Luncheon

Ladies and gentlemen, may I have your attention please?
We hope you have enjoyed the dishes in a good mood.
Before we proceed, may I ask you to give a big hand to the piano trio?
(피아노 반주가 있을 경우)
Thank you.

Gift Presentation by Host
(선물 증정식이 있을 경우)

On the occasion of today's Naming Ceremony, we, Happy Heavy Industries, have prepared some gifts for the sponsor and other distinguished guests as a token of our gratitude.
Mr. Big Boss will present the gifts.
First to, Mrs. Beautiful Lady, sponsor of 'Beautiful Carrier'
Next to, Mr. Powerful Man, CEO of Wonderful Shipping
Next to…
Last to…

Gift Presentation by Guest
(선주측에서도 선물을 준비했을 경우)

Now, I'd like to announce that Wonderful Shipping has also prepared some gifts for
HHI managements. Mr. Powerful Man will present them.
First to, Mr. Big Boss, President & CEO of HHI
  Next to,...
  Next to,...
  Last to,...

CLOSING

Ladies & Gentlemen,
We have come to the end of naming ceremony for "Beautiful Carrier"
We hope you had a wonderful time during the naming ceremony and once again,
thank you all for joining us here today.
We bid you very fond farewell and hope to see you again
Thank you.

Tip 흔히 하는 영작문 실수들

Konglish인 줄 모르고 사용하는 Konglish 6

잘못된 표현
: Y-shirt

올바른 표현
: dress shirt

제 4 장

외워 두면 유용한 인사/소개

유창함 보다 적절함이 더 중요한 비즈니스 스피킹

외국인 고객들과 함께 회식을 하거나 공식적인 모임을 하다 보면, 영어로 인사말을 해야 할 경우가 있다. 비록 높은 영어성적을 갖고 있는 사람이라 할지라도 공식적인 상황에서 공식적인 인사말을 해보지 않았다고 한다면 생각처럼 말이 쉽게 되지 않을 것이다.

그러다 보면, 발음도 좋고 말도 유창하게 하지만 뭔가 핵심이 없고 주저리주저리 정리되지 않는 얘기를 하기 마련이고, 청중들에게도 하려던 메시지가 제대로 전달되지가 않을 것이다.

본 서의 목적은, 실제 상황에서 있을 법한 다양한 예제들을 미리 익혀 둠으로써 실전에서 좀 더 쉽고 편하게 활용하자는 것이고, 이는 비즈니스 스피킹도 다르지 않다고 할 것이다. **상황에 적합한 정형화된 내용을 샘플처럼 하나 외워서 연습해 두고, 약간의 살을 덧붙이는 식으로 한다**면, 말하는 사람도 부담스럽지 않을 뿐더러 청중들에게도 정확하게 메시지가 전달될 것이다.

이번 장에서는 실제 상황에서 활용도가 높은 몇 가지 상황에 있어서 정형화된 내용을 샘플 차원에서 공유하고자 한다. 본 샘플을 참고 삼아 자신만의 예시를 미리 만들어 평소에 외워 둔다면 훨씬 더 쓰임새가 높을 것이다.

1. 첫 회식 인사말 *Welcoming Remark*

주1) ~라는 관점에서

Good evening, everyone! Thank you very much for your kind attendance at the dinner today.

My name is B.K. Kang, Project Manager for your good project.

First of all, on behalf of all relevant staff in HHI, I would like to extend our sincere appreciation of your precious time for today.

I believe that shipbuilding is very much similar with orchestra *in that* [1] good teamwork, through close communication as well as cooperation among all relevant parties, is imperative for its quality.

For this, as a responsible Project Manager, I will do my best to make the progress of your good project for smoothly with the good teamwork among the parties.

If you need any assistance from us, do not hesitate to let us know.

Thank you and please enjoy dinner.

본문 해석

안녕하세요 여러분, 오늘 저녁 식사에 참석해 주셔서 감사드립니다.

저는 귀 프로젝트의 Project Manager(PM)를 맡게 된 강보경이라고 합니다.

저는 선박 건조가 유관 부서 간 긴밀한 커뮤니케이션과 협조를 통한 팀웍이 품질에 있어 절대적이라는 관점에서 오케스트라와 매우 유사하다고 생각합니다.

이런 점에서, 프로젝트를 책임진 PM으로서, 관계자들 간 팀웍 하에서 프로젝트 순조롭게 진행될 수 있도록 최선을 다하겠습니다.

저의 도움이 필요한 일이 있다면 주저하지 마시고 알려 주세요.

감사합니다. 즐거운 식사 되세요.

2. 환송(인도) 회식 인사말
Thankyou Remark

Good evening everyone,

Taking this opportunity, on behalf of HHI, I would like to extend our sincere appreciation to Site Manager, Mr. Best Man for his kind cooperation rendered to us ***throughout*** [1] the whole project period.

Congratulations on the successful delivery of Beautiful Carrier. It would not have been possible but for the good collaboration of all relevant parties here.

Thank you very much again for your kind support, and I am sure that ***our paths will cross again*** [2] in near future.

Enjoy your dinner.

주1) (기간 등이) 내내, 줄곧

주2) 다시 만날 것이다

본문 해석

안녕하세요.

이 자리를 빌어, Happy 중공업을 대신하여, 수석감독 Best Man씨에게 프로젝트 전 기간 동안 보여 주신 적극적인 협조에 진심으로 감사를 표하고자 합니다.

Beautiful Carrier호의 성공적인 인도를 축하드리며, 여기 계신 모든 분들의 멋진 협업을 통해 이 모든 것이 가능했다고 자신있게 말할 수 있습니다.

다시 한 번 친절한 지원에 감사드리며, 가까운 미래에 다시 만나게 될 것을 확신합니다.

식사 맛있게 드세요

3. 기공식 건배사
Toast for Keel Laying Ceremony

Ladies & Gentlemen!

Thank you very much for attendance at this meaningful ceremony and I appreciate your kind dedication to this project so far.

From today, our ship timely starts to take its physical shape.

Although there remain many challenges ahead of us, I have no doubt that it will be successfully completed under good cooperation with each other.

Wishing the prosperous future together, let me ***propose a toast for*** [1] the project success, friendship between us, and good luck to everyone here.

Cheers!!

주1) ~에 대해 건배를 제의하다

본문 해석

신사 숙녀 여러분,

오늘 본 행사에 참석해 주셔서 감사드리며, 그 동안 프로젝트에 보여 주신 헌신에 감사드립니다.

오늘부로 본 선박은 선체의 모양을 갖추게 됩니다.

비록 앞으로 수많은 도전에 직면하게 되겠지만, 서로 간의 협력을 통해 성공적으로 완수하게 될 것임을 믿어 의심치 않습니다.

모두의 번영을 기원하며, 프로젝트의 성공의 저희들의 우정, 그리고 모든 이들의 행운을 위해 건배를 제의 하겠습니다.

건배!!

4. 회사소개 프리젠테이션

Presentation Script for Company Introduction

Good Morning!

We welcome all of you to our shipyard.

My name is B. K. Kang , Project Manager of ABC project. It is my great ***privilege*** [1] to introduce you to our company through this presentation.

Our company started as a shipbuilding company in 1972 without any shipyard. At that time, this area was just empty fishing village as you can see in this picture.

Only two years later in 1974, we celebrated the completion of huge shipyard as well as the naming ceremony of two VLCCs at the same time. This was the historical first step of our company. And then, the business area has been expanded into Industrial Plant in 1975, Engine & Machinery, Electro Electric System in 1977, and Construction Equipment and Offshore Engineering in 1985.

In 2002, our company has ***inaugurated*** [2] HHI group together with Harmony Dockyard and Healing Heavy Industries.
In 2011, we joined green energy field such as solar power & wind power for the future business.

And we accomplished amazing production volume of 100 million gross tonnage for the first time in the world at the beginning of 2012.

In April of 2017, some divisions have been successfully ***spin-off*** [3] from HHI for the purpose of securing their competitiveness in their respective markets as well as further concentrating our core business, such as shipbuilding, offshore and engine.

And so today, that fishing village has been ***transformed*** [4] into the global leading heavy industries company furnished with the world's largest & most modernized shipyard.

Thank you for your kind attention.

주1) 영광

주2) 발족하다

주3) 계열 분리

주4) 변모하다, 변신하다

본문 해석

안녕하세요.

저희 조선소 방문을 환영합니다.

저는 ABC 프로젝트의 PM을 맡고 있는 강보경이라고 합니다. 오늘 이렇게 저희 회사 소개를 하게 되어 영광으로 생각합니다.

저희 회사는 1972년도에 건조 야드도 없이 조선업으로 시작했습니다. 당시 이곳은 이 사진에서 보시는 것처럼 평범한 어촌 마을이었습니다.

불과 2년 후인 1974년에 조선소 완공과 동시에 2척의 초대형 유조선에 대한 명명식을 동시에 실시하는 쾌거를 이루었습니다. 이는 저희 회사의 역사적인 첫걸음이었습니다. 그 후로, 1975년에는 플랜트사업부를, 1977년에는 엔진기계와 전기전자사업부를, 1985년에는 건설기계사업부와 해양사업부로 사업영역을 계속 확장해 왔습니다.

2002년도에 Harmony 조선소와 Healing 중공업과 함께 HHI 그룹체제를 발족하였습니다. 2011년도에는 미래 먹거리 확보 차원에서 태양열 및 풍력 발전과 같은 신재생 에너지 사업에 진출했습니다.

2012년도 초에는 세계 최초로 10억톤 건조라는 엄청난 건조 실적을 기록하기도 하였습니다.

2017년 4월에, 일부 사업부를 Happy중공업으로부터 성공적으로 계열분리하여 사업 경쟁력을 높이는 한편 주력사업인 조선해양 및 엔진사업에 집중할 수 있는 발판을 마련하였습니다.

현재 저 어촌 마을은 세계 최대이자 최신식 건조 설비를 갖춘 명실공히 글로벌 조선소로 탈바꿈하였습니다.

경청해 주셔서 감사합니다.

🔊 Tip 흔히 하는 영작문 실수들

Konglish인 줄 모르고 사용하는 Konglish 7

잘못된 표현
: PT, OT

올바른 표현
: presentation, orientation

제 5 장

외국인 고객과 하기 좋은 이벤트

업무 능력과 함께 '관계 마일리지'도 쌓자

업무적으로 여러 나라에서 온 외국인 고객들과 일을 하면서 서로 다른 문화적 차이로 인하여 불필요한 오해가 생기기도 하고 어떤 때는 한국사람처럼 빨리빨리 일처리를 해주지 않아 답답함을 느낄 때도 많았다.

그러나 한편으로는 그들도 우리와 똑같은 인간으로서 가족들과 떨어져 타국에서 마음 고생을 하고 있다는 생각을 하게 되었고, 일을 떠나 고객이 처한 인간적인 어려움을 해결해 주고 개인적인 친밀도를 높이는 일에도 많은 정성을 쏟아왔다.

그러다 보니 'How may I help you?'라거나, 'How is your life these days?'라는 질문을 습관처럼 하게 되었고, 실제로도 소소한 고충사항들을 발빠르게 해결해 주면서 관계 마일리지를 꾸준히 쌓을 수 있었고, 회식을 할 때도 작은 재미를 제공함으로써 타지에서 느낄 수 있는 외로움과 향수병을 조금이라도 해소해 주려고 애를 써왔다.

이런 노력들이 모여 **고객 관계를 넘어 좋은 친구가 될 수 있었고, 또한 이런 좋은 관계 마일리지가 업무적으로는 좀처럼 풀기 어려운 결정적인 이슈가 발생했을 때 해결의 실마리를 제공**하기도 했다.

이번 장에서는 내가 그 동안 외국인 고객들과 관계 마일리지 쌓기 위해 시도해 왔던 다양한 entertaining activities를 소개하고자 한다.

1. 팀 빌딩 행사 (기획부터 실행까지)

행사 기획 보고서 작성

필리핀 Active 선주사

팀 빌딩 행사 보고

부장 어떻해	상무 검토해	사장 진행해
月　日	月　日	月　日

2020. 03. 15
조선계약운영부

1. 개요

필리핀 Wonderful 해운사 VLCC 건조 프로젝트의 성공적 수행을 위한 對 선주 협력 강화 차원에서, 선주 및 현업부서 (생산/설계/지원/CMD) 담당자와의 팀 빌딩 행사를 실시코자 함

2. 주요 행사 내용

○ 일 시 : **2020년 4월 11일 (화) 17:10 ~ 20:30**
○ 장 소 : 한마음회관 옥외 농구장 일대
○ 프로그램
  - 단체줄넘기, 훌루후프 통과하기, 축구공 킬링, 필리핀 전통게임 등 팀워 강화 게임
  - 선주 감독과 당사 직원을 **혼합 팀으로 편성**, 팀 대항으로 진행
  - 행사 후 한마음회관 한식당에서 저녁식사 예정
○ 참석 대상자 현황 (총 50명)
  - 당사 : 25명 (생산부서 10, 설계 10, 지원부서 5)
  - 선주 : 25명

3. 당사 지원사항

○ 장소 섭외, 행사 진행 및 사내버스 배차 지원
○ 행사 및 식사비용(약 백만원 내외 소요) 지원
  ※ 우승팀을 위한 단체 선물은 <u>선주 측에서 준비 예정</u>
○ 당일 사내 CA TV 취재 예정

첨 부 : 팀 빌딩 게임 상세내용. 끝.

〈 보고서 작성요령 〉

보고서는 핵심사항만 잘 부각되게 1페이지로 간결하게 작성하고, 게임내용 등은 별첨으로 처리하는 것이 좋다

참고로 제목의 글꼴은 현대체 bold이며, 본분은 조선일보명조체를 사용함

행사 시간표(안)

Time Table

18:00 ~ 18:10 **Reception** (attendant check/name tag distribution)

18:10 ~ 18:20 **Opening announcement / Group photo**

18:20 ~ 18:30 **Team building** (Election of team leaders / team name setup)

Interview by HHI media team

18:30 ~ 19:45 **Main Events**

Holding Together 10 min.

Jumping Together 10 min.

Magic Carpet 10 min.

Hula-Hoop Tunnel 10 min.

Sepak Raga 10 min.

Sneakers Rocket 5 min.

Soccer-ball Curling 10 min.

Petronas Tower 10 min.

19:45 ~ 20:00 **Prize presentation**

20:00 ~ 20:40 **Dinner**

20:40 ~ 20:45 **Closing announcement**

행사장 레이아웃 구성(안)

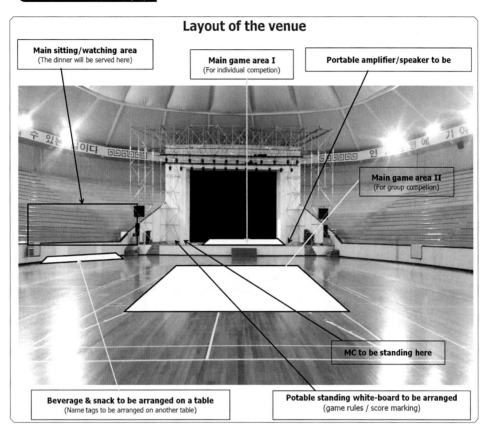

Layout of the venue

Main sitting/watching area
(The dinner will be served here)

Main game area I
(For individual competion)

Portable amplifier/speaker to be

Main game area II
(For group competion)

MC to be standing here

Beverage & snack to be arranged on a table
(Name tags to be arranged on another table)

Potable standing white-board to be arranged
(game rules / score marking)

행사장 준비 팁

상기 배치도는 실내 공간에 진행할 때의 예제이며, 메인 무대를 활용하여 게임설명 및 개인 경기 등을 진행할 수 있다.

행사를 기획하며 가장 힘든 부분이 날씨에 대한 부분이기 때문에 **가능하다면 실내 공간을 예약하여 진행**한다면 우천 등의 돌발 상황에 대처하기가 쉽다.

실내공간이 없는 경우에는 야외 농구장 등으로 기획을 하되, **앉을 수 있는 스탠드가 있는 곳으로** 섭외를 하는 것이 좋다. 팀 대항전을 하는 동안 앉아서 대기할 공간이 반드시 필요한데, 이런 부분을 미처 고려하지 않을 경우, 행사장 분위기가 상당히 어수선하고 산만해지기 쉽다.

아울러 실내외와 상관없이 **접이식 테이블을 준비**하면 명찰 및 준비물 배포 등에 도움이 되고, 음향 설비를 갖추고 신나는 음악을 틀어 놓는다면 행사장 분위기를 한껏 고조시킬 수 있다.

추천 게임 베스트 8선

GAME 1 : HOLDING TOGETHER

Play Type :
Team Play - Tournament

Numbers of player :
10 per team

Estimated Time :
10 min.

How to play 게임 요령

Form a circle each player holding a stick with one hand
막대를 한 손으로 잡고 원 모양으로 둥글게 섭니다

When the whistle blows, rotate sticks clock-wise
호각에 맞춰 시계 오른쪽 방향으로 막대를 바꿔 잡습니다

The game ends when anyone misses a stick or holds it with two hands
한 사람이라도 막대를 놓치거나 두 손으로 잡으면 실격입니다

※ The interval of whistle can be adjusted at MC's discretion
　 MC 재량으로 속도를 빠르게 진행할 수 있습니다

GAME 2 : JUMPING TOGETHER

Play Type :
Team Play - Tournament

Numbers of player :
10 per team

Estimated Time :
10 min.

How to play 게임 요령

Jump a rope all together
다같이 줄을 넘습니다

The team who gets most jumps wins
가장 많이 점프한 팀이 승리합니다

※ The rehearsal session to be provided for 1 minute per each team
　 팀당 1분간 연습 기회가 주어집니다

GAME 3 : MAGIC CARPET

Play Type :
Team Play - All Together

Numbers of player :
10 per team

Estimated Time :
10 min.

How to play 게임 요령

Stand on a newspaper all together without touching the outside area of paper
신문지 밖으로 나가지 않게 해서 팀 모두가 올라 섭니다

To be continued with smaller size of paper until only one team survives
마지막 한 팀이 살아 남을 때까지 신문지 크기를 줄여가며 계속합니다

※ To proceed with all the teams without rehearsal session
　연습 없이 바로 전체 팀이 동시에 진행합니다

GAME 4 : HULA-HOOP TUNNEL

Play Type :
Team Play - All Together

Numbers of player :
10 per team

Estimated Time :
10 min.

How to play 게임 요령

Form a circle holding each hand
다같이 손을 잡고 둥글게 섭니다

Pass a hula-hoop from one to another without releasing the hands round the circle
호각 소리에 맞춰 재빨리 홀라후프를 손을 풀지 않은 채로 옆 사람에게로 보냅니다.

The team who finishes first will win
먼저 전원이 통과한 팀이 이깁니다

※ To proceed with all the teams without rehearsal session
　연습 없이 바로 전체 팀이 동시에 진행합니다

GAME 5 : MALAYSIAN GAME (SEPAK RAGA)

Play Type :
Team Play - Individual

Numbers of player :
10 per team

Estimated Time :
10 min.

How to play 게임 요령

Form a circle
다같이 둥글게 섭니다

Pass the ball by kicking/hitting with any body part except arms within 2 touches
팔을 제외한 나머지 부위로 2회 이내로 공을 쳐서 다른 사람에게 전달합니다

When the ball is touched more than 3 times or hits the floor the game ends
한 사람이 세 번 이상 볼을 터치하거나 (볼이) 바닥에 닿으면 끝납니다

※ It is recommended that the ball be passed to each member
　가급적 모든 사람에게 골고루 공이 패스 되는 것을 권장 합니다

GAME 6 : SNEAKERS ROCKET

Play Type :
Individual Play

Numbers of player :
1 per team

Estimated Time :
5 min.

How to play 게임 요령

Stand behind starting line all together with shoe loosely on foot
신발 한 짝을 헐겁게 한 상태로 출발선 뒤에 다같이 섭니다

When the whistle blows, shoot shoe as far as possible at the same time
호각에 따라 각자 신발을 동시에 최대한 멀리 찹니다

The player who shoots farthest will win
가장 멀리 찬 사람이 이깁니다

GAME 7 : SOCCER-BALL CURLING

Play Type :
Individual Play

Numbers of player :
1 per team

Estimated Time :
10 min.

How to play 게임 요령

Stand behind starting line
출발선 뒤에 섭니다

Roll the ball aiming it as close as to the center of target
타겟 정중앙을 조준해서 최대한 가까이로 공을 굴립니다

The winner is the player who rolls the ball closest to the center of the target
원 안 쪽에 가장 가까이 굴린 사람이 이깁니다

※ It is allowed to hit the other ball to secure better location
유리한 위치를 차지하기 위해 앞 사람의 공을 쳐 낼 수 있습니다

GAME 8 : PETRONAS TOWER

Play Type :
Team Play - All Together

Numbers of player :
10 per team

Estimated Time :
10 min.

How to play 게임 요령

Be given 10 sheets of A4 size paper per team together with 1 unit of scissors and sellotape.
팀당 10장의 A4용지와 가위 및 테이프 1개를 받습니다

Make a paper tower as high as possible within the time
제한 시간 동안 종이탑을 최대한 높게 만듭니다

The team who makes the highest tower wins
가장 높게 쌓은 팀이 이깁니다

MC 대본

Good afternoon, everyone!!

My name is B.K. Kang and I am in charge of LNG Carrier project for Beautiful Shipping as a project manager.

I am very happy to be assigned as MC for this joyful event today.

We are here today for teambuilding activity co-hosted by HHI & Beautiful Shipping so that we can further secure our teamwork for the purpose of successful completion of the project and through these activities will realize that we are one team.

However, as MC, I just recommend you enjoy this lovely spring time and also stress out from your daily hard work.

First of all, please say hello to each other. For the sake of safety, have some stretching session with music before we proceed the event.

This time, let me invite Mr. Big Leader who is in charge of Customer Support for welcoming message.

Next, let me invite Mr. Great Man from Beautiful Shipping as well for his congratulatory remark.

For the meaningful event today, I am very pleased to announce that Beautiful Shipping has prepared big prizes for the first & second winning teams as you can see here.

We have arranged 8 team or individual games and the first winning team gets 100 points and second team gets 50 points per each game. The final winning team will be decided by the total score of all the games.

To encourage positive attendance of the games, we, HHI also prepared the prize for best player for each team. So please do your best until the end of activities.

As MC, let me try bonus session first. We have four team name A, B, C and D with sounds boring. So, please re-name your team starting the same alphabet letter and write down your new team name here and I will give 50 points for the most creative naming.

본문 해석

안녕하세요, 여러분.

저는 Beautiful Shipping사의 LNG운반선 건조 프로젝트의 PM을 맡고 있는 강보경이라고 합니다.

오늘 이렇게 즐거운 행사의 MC를 맡게 되어 정말 기쁩니다.

오늘 우리는 이 자리에 HHI와 Beautiful Shipping 공동 주최로 팀빌딩 행사를 위해 모였으며, 이를 통해 성공적인 프로젝트 완수를 위한 팀웍을 한층 강화할 수 있을 것이며, 우리는 한 팀이라는 사실도 깨닫게 되실 겁니다.

다 떠나서, MC로서, 평소의 업무 스트레스를 잊고 그저 아름다운 봄날을 만끽하실 것을 추천드립니다.

우선, 서로 반갑게 인사해 주세요. 행사를 시작하기 전에 안전을 위해서 음악과 함께 하는 스트레칭 시간을 갖도록 하겠습니다.

이번에는 고객지원 부문을 맡고 계신 Big Leader님을 모시고 환영인사를 청해 듣도록 하겠습니다.

다음은 Beautiful Shipping사의 Great Man씨께도 축하인사를 청해 듣도록 하겠습니다.

오늘의 의미있는 행사를 위해, Beautiful Shipping사에서 보시는 것처럼 1등과 2등 팀을 위한 큰 선물을 준비했습니다.

참고로, 8 가지의 팀 또는 개별 게임을 준비했으며, 각 게임별로 1등을 한 팀에게는 100점을 2등을 한 팀에게는 50점을 드리도록 하겠습니다. 최종 우승팀은 점수를 모두 합산하여 정하도록 하겠습니다.

적극적인 게임 참가를 위해 당사에서도 각 팀별 우수자에게 상품을 준비했습니다. 끝까지 최선을 다해 주시기 바랍니다.

MC로서 보너스 시간을 먼저 진행하겠습니다. A, B, C, D라는 지루한 4개의 팀명이 있습니다. 같은 알파벳 첫글자를 사용해서 멋진 팀명을 다시 지어서 여기에 적어 주세요. 가장 창의적으로 이름을 지은 팀에게 50점을 드리도록 하겠습니다.

2. 외국인 선주와 하기 좋은 이벤트

복불복 게임

외국인 선주와 회식을 하면서 뭔가 재미적인 요소를 제공하면서 분위기를 띄우고자 할 때, 가장 손쉽게 고려할 수 있는 것이 복불복 게임이라 할 수 있다. 특별한 도구가 없더라도 메모지만 있어도 가능하며, 공간적인 제약을 크게 받지 않기 때문이다. 회식 중 고려할 수 있는 복불복 게임 요령을 구체적으로 소개한다.

1) 뽑기로 경품/벌칙 제공하기

◎ 준비물
: 메모지, 펜, 약간의 선물

◎ 진행방법
· 인원 수대로 메모지를 준비하고 선물 또는 벌칙을 적어서 접는다
· 식당의 냉면그릇 등에 담아서 잘 섞은 다음 하나씩 뽑아서 적힌대로 진행한다

◎ 흥미를 더 하기 위한 팁
· 단순 벌칙에 약간의 미션 부과하기
예) Drink a glass of soju with short speech / singing a song
· 상품의 경우 반전이 있는 조건 달기
예) Give it to the person on your right side,
넌센스 퀴즈를 내어 맞출 때 상품주기 (194p 영어 넌센스 퀴즈 예시 참조)

2) 도구를 활용한 복불복 게임하기

◎ 준비물
: 뽑기판 제작(또는 구매), 각종 룰렛 도구

◎ 진행요령
· 기본적인 요령은 동일하지만, 뽑기판이나 해적룰렛 등 도구가 있으면 몰입도가 훨씬 높고 분위기도 한층 고조된다
· 벌칙보다는 상품의 당첨으로 설정하면 훨씬 유쾌한 분위기에서 진행할 수 있다.
· 뽑기판을 준비할 때는, 3M에 나온 '재접착식 딱풀'을 사용하면 TV에서 보는 것처럼 쉽게 떨어지고, 가림종이의 한 쪽 끝을 살짝 접어두면 떼기 편리하다.

다양한 복불복(룰렛) 도구들

기타 게임도구를 활용한 이벤트

앞서 복불복 게임도 마찬가지지만 여러가지 게임도구를 활용하면 손쉽게 여흥을 진행할 수 있다. 고려할 수 있는 몇 가지 예제를 소개하면 다음과 같다.

1) 케이지 빙고 (이탈리안 빙고)

◎ 진행방법
- · 복권 추첨기와 같은 케이지를 돌려 랜덤으로 나오는 번호 구슬로 빙고 게임을 하는 도구다
- · 우측의 정식 빙고판으로 하면 시간이 많이 걸리니, 구슬의 숫자를 줄이고 빙고판도 약식으로 하면 좋다
- · 빙고 게임 외에도 복불복 순서를 정하는 도구로 사용해도 재미있다

2) 전자식 다트

◎ 진행방법
- · 누구나 알고 있는 다트게임이다
- · 점수 계산방식이 복잡할 수 있어 외국인 선주와 할 때는 자동으로 점수를 표기해 주는 **전자식다트**를 추천한다
- · 식당 벽의 달력이 걸린 자리 등에 간단히 설치할 수 있어, 친선 경기 또는 최고점자에게 상품을 걸고 점수내기를 해도 재미있다.

3) 기타 도구들

젠가

윷놀이

거짓말 탐지기

※ 위에서 소개하는 도구들은 특별히 새로운 것은 없다. 하지만 외국인 선주와 이벤트를 직접 해보지 않은 사람들은 이런 도구들이 쉽게 떠오르지 않는다. 위의 도구들은 복잡하게 설명할 필요 없이 직관적으로 게임 요령을 공유할 수 있어서 나라와 문화를 초월하여 쉽게 공감하고 함께 어울릴 수 있다.

영어 넌센스 퀴즈

Quiz 1) The nine is scared of seven. Why was nine scared of seven?

Quiz 2) What is the longest word in the English language?

Quiz 3) Who is the wife of Santa Clause?

Quiz 4) What part of a man's body can extend to six times than its normal size especially when he is excited.

Quiz 5) Women have two of these, but milk cow's have four of these. What is this?

Quiz 6) Someone fell from Petronas Tower but survived. How did he or she do that?

Answer 1) Because seven ate nine (seven, eight, nine)

Answer 2) Smiles, It takes one mile between the first and last 's'

Answer 3) Mary Christmas

Answer 4) Pupil (동공)

Answer 5) Legs

Answer 6) Because she or he fell from the 1st floor

기타

그 외에 외국인 고객과 함께 하기 좋은 단순한 게임들을 소개하면 다음과 같다.

1) 병 뚜껑 멀리 보내기
  ◎ 준비물
    · 삼다수 생수병 뚜껑
    · 굴곡이 없는 테이블

  ◎ 진행방법
    · 참가자 수에 맞게 차례로 병뚜껑을
      손가락으로 튕겨서 떨어지지 않고
      가장 멀리 보낸다
    · 우승자에게 작은 상품을 걸고 하면
      더욱 흥미진진하다

2) 눈 가리고 과녁 찍기 (Blind Target)
  ◎ 준비물
    · 양궁과 유사한 타겟
      (우측 QR 코드로 다운로드 가능)
    · 안대
    · 스탬프 또는 인주
  ◎ 진행방법
    · 참가자는 눈을 가린 후, 손에 스탬
      프나 인주를 묻힌다
    · 타겟으로 다가가 손도장을 찍는다
    · 출발 전 코끼리코 5바퀴 돌면 더욱
      재미가 있다.
    · 타겟에 각각 다른 금액을 적어 회
      식비를 모아도 재밌다

3) 즉석복권 뽑기
  ◎ 준비물
    · 즉석복권, 작은 선물
    · 복권을 긁을 동전
  ◎ 진행방법
    · 특별한 요령없이 즉석복권을 나누어주고 긁어 보게 한다.
    · 대부분 꽝이 나올 확률이 많지만 긁는 동안 긴장감이 있고 흥미진진하다
    · 재미요소를 더하기 위해 특정 금액(5천원 등) 당첨 시에 별도 경품을 걸어도 재미있다.
    · 아주 낮은 확률로 거액에 당첨될 수도 있기 때문에, 게임 하기 전에 상금의 반을
      회식비로 내겠다는 선서를 시키고 진행해도 재미있다.

여기에 외국인 고객과 좋은 관계를 유지하기 위한 나의 전략을 고민해 보자.

핵심표현 찾아보기

A

B

C

D

E

F

G

H

I

O

P

S

T

U V W Y